Ralf Sotscheck
Dublin Blues

W0077134

Ralf Sotscheck, geboren 1954 in Berlin, lebt seit 1985 als Irland-Korrespondent der taz in Dublin. Zahlreiche Buchveröffentlichungen, darunter *Gebrauchsanweisung für Irland* und, zuletzt, *In Schlucken-zwei-Spechte*, Gespräch mit Harry Rowohlt.

»Was dem einen sein Schnee, ist dem anderen sein Schnaps. Die Isländer kennen viele Worte für Schnee, die Irländer kennen noch mehr für ihren Lieblingszustand: jarred, plastered, pissed, poleaxed, well on it, merry, mouldy, und viele andere.«

Ralf Sotscheck, der für die taz aus Irland und England berichtet, ist nicht nur ein Korrespondent der Extraklasse, wie seine Reportagen beweisen, sondern auch ein großer Humorist, wofür sein letzter Erfolg, der Gesprächsband mit Harry Rowohlt, *In Schlucken-zwei-Speche,* steht. *Dublin Blues* versammelt die besten Kolumnen aus der taz, in denen Sotscheck der mitunter harten irischen Wirklichkeit überraschend immer wieder ein Quäntchen Witz abgewinnt. Er vermittelt seinen Lesern eine Kenntnis dieses kleinen Landes, die man komischer wohl nicht schreiben kann.

Ralf Sotscheck

Dublin Blues

Mit einem Vorwort von
Friedrich Küppersbusch und
Zeichnungen von © TOM

Rotbuch Verlag

Bibliografische Information Der Deutschen Bibliothek

Die Deutsche Bibliothek verzeichnet diese Publikation in der
Deutschen Nationalbibliografie; detaillierte bibliografische Daten
sind im Internet über http://dnb.ddb.de abrufbar

© Rotbuch | Sabine Groenewold Verlage, Hamburg 2003
Umschlaggestaltung: projekt ® | Philipp Starke, Hamburg
unter Verwendung einer Fotografie von Paul Bock/photonica
Herstellung: Das Herstellungsbüro, Hamburg
Druck und Bindung: Druckerei Himmer, Augsburg
Printed in Germany
Alle Rechte vorbehalten
ISBN 3-434-54508-5

Informationen zu unserem Verlagsprogramm
finden Sie im Internet unter: www.rotbuch.de

Vorwort

Leprechaun, zum Beispiel, ist Feen-Schuhmacher, wohnt am Ende des Regenbogens und bewacht einen Kessel Goldes. Der übergroße grüne Schnallenhut des Gnoms überschwemmt vom Beauty-free-Sortiment des Dubliner Airports aus Köpfe und Koffer der Souvenir-willigen. Unser Elfjähriger trägt das unförmige Trumm gern zu Anlässen, die seinen Protest herausfordern, also etwa ununterbrochen oder im Unterricht.

Natürlich: St. Patrick. Er kam als walisischer Skla-ve auf die Insel und ging als der Mönch, der manch keltischen Widerstand in Grund und Boden missio-niert hatte. Mit einer feurigen Rede verbannte er alle Schlangen von der Insel. Das hielt vor, bis die Iren sich eine Autobahn und auf ihr eine Mautstation gönnten. Heute rasten Herkunfts-, Neigungs- und Quartals-Iren stets an seinem Todestag weltweit kollektiv aus; im Zei-chen des Kleeblatts, anhand dessen Patrick den Gälen die Dreieinigkeit einpädagogisierte.

Und schließlich: Sotscheck. Der muntere Gesell trägt Zauberschuhe, unter denen, wo er auch schreitet, nas-ses Gras quatscht und Torf federt; längs seines Weges schießen wundersame Gestalten aus dem Farn. Von einer guten Elfe ward ihm eine persönliche Regenwolke angewunschen, die ihn, stets über ihm schwebend, ein ums andere Mal zum Trockenen ins Pub zwingt. Einen Sotscheck zu sehen gilt als großes Glück; man muss sich sogleich den Bauch reiben und ein Guinness bestellen. Im Glase sieht man dann Dinge, die es gar nicht gibt – schönes Wetter oder funktionierende irische Behörden.

So spukt und geistert es im irischen Kosmos von Kobolden, Feen, Weisen und Wesen, die das ihre – ob Hut, Kleeblatt oder wunderlich Wissen – in alle Welt hinaustragen. Liest man im großen Buch der Sotscheckiaden, befällt einen sogleich der Wunsch, den magischen Boten möge es zu uns verschlagen. Unter seiner Feder enträtselt sich die unlesbar moderne Welt in quellklares Wasser; hier darf ein umstrittener Ministerpräsident noch offensiv korrupter Häuptling sein; und der Klerus aufs Rammeln schimpfen, weil er nachweislich davon viel versteht.

Zumal den Angehörigen der Geisterwelt die Ausrede nicht zur Verfügung stünde, man könne ja nicht überall gleichzeitig sein. Nein, Leprechaun, Patrick und Sotscheck sind Fabelwesen, die natürlich zur gleichen Zeit in Irland – und überall sonst sein können. Ein Sotscheck aber – machen wir uns nichts vor – will das gar nicht.

Friedrich Küppersbusch

Dinner For One

Mein Freund Aribert geht gerne ins Restaurant. Solange es freiwillig ist. Neulich saß er jedoch vier Tage lang auf einer kleinen Felsinsel vor der irischen Südwestküste fest, weil die Fähre wegen eines Sturms den Verkehr eingestellt hatte. Am Hafen gab es nur ein einziges Restaurant – mit Blick auf die tosende See. Von den 25 Tischen waren höchstens fünf besetzt. Die Tourismussaison war vorbei, wer hier dinierte, war nicht rechtzeitig vor dem Sturm weggekommen. Eine Kellnerin und ein Kellner kümmerten sich um die gestrandeten Gäste.

Die junge Kellnerin trug 20 Armreifen, die lauthals hinunterklackerten, wenn sie servierte, und wieder heraufklackerten, wenn sie danach den Arm hob. Aribert, der seinen Teller eher übersichtlich mag, winkte ab, als sie die gesamte Mahlzeit vom Serviertablett auf seinen Teller häufen wollte. Das war ein Fehler: Die Kellnerin verschwand mit dem Tablett in der Küche. Aribert sah den Rest seines Essens nie wieder, sondern musste sich mit der homöopathischen Portion begnügen. Offenbar bekam man in dem Restaurant keine zweite Chance.

Der Kellner, ein spindeldürrer Mann mittleren Alters, war geräuschärmer als seine klackernde Kollegin. Der einzige Lärm, den er verursachte, war das Quietschen der doppelten Schwingtür, hinter der die Bar lag. Und zu der zog es ihn jedes Mal, nachdem er einen Gang serviert hatte, um sich mit einem Schnaps für den nächsten Gang zu wappnen. Jedes Mal kam er ein wenig betrunkener zurück. Ist Freddie Frinton in diesem Restaurant auf seine Idee zu »Dinner for one« gekommen? Nach zwei Stunden, Aribert war aus Hunger inzwischen beim dritten Nachtisch angelangt, war der Kellner sturzbesoffen und lehnte an der Wand, mühsam um sein Gleichgewicht bemüht.

Dennoch vernachlässigte er seine kellnerische Pflicht keineswegs. Als er bemerkte, dass sich die ältere Dame an Ariberts Nachbartisch eine Zigarette in den Mund gesteckt hatte und ihr Ehemann seine Jackentasche nach Streichhölzern durchwühlte, zückte der Kellner geschwind sein Sturmfeuerzeug, sprang mit einem Riesensatz an den Tisch und warf das Feuerzeug an. Unglücklicherweise steckte bei der Frau noch die rote Papierserviette im Ausschnitt, und weil der Kellner nach so vielen Schnäpsen nicht mehr richtig zielen konnte, zündete er versehentlich die Serviette an. Im Nu brannte sie lichterloh. Die Frau stieß einen gellenden Schrei aus, ihr Ehemann betrachtete staunend seine brennende Gattin.

In seiner Panik griff der Kellner nach der Karaffe mit dem Eiswasser und schüttete es der Frau ins Dekolleté. Nun schrie sie noch lauter, weil ihr einige Eiswürfel ins Kleid gerutscht waren. Nach einem Blick auf den Ehemann nahm der Kellner davon Abstand, die Eiswürfel eigenhändig herauszufischen. Ihm war selbst in seinem Zustand klar, dass er kein Lob für seine Geistesgegenwärtigkeit erwarten konnte, und so zog er sich vorsichtshalber wieder in die Bar zurück.

Am nächsten Tag fuhr das Boot endlich wieder. Der zündelnde Exkellner war als erster Passagier an Bord.

Vergiss den Chinesen nicht,
wenn du ins Theater gehst

Wer in Nordirland ins Theater geht, sollte künftig einen Chinesen mitnehmen. Oder eine Frau. Am besten eine chinesische Frau, wegen der Quotierung. Sonst wird es das Theater bald nicht mehr geben. Das Kulturamt in Belfast, das solche Veranstaltungen sponsert, hat einen Fragebogen entworfen, der von den Geldempfängern ausgefüllt werden muss. Schließlich geht es nicht darum, irgendwelche Kulturprojekte zu fördern, sondern sie müssen eine soziale Aufgabe erfüllen – zum Beispiel Minderheiten einbeziehen.

Die vom Kulturamt finanzierten Projekte sollen die Zusammensetzung ihres Publikums in Prozentzahlen auflisten. Gefragt wird nach Frauen, Chinesen, Indern, Juden, pakistanischen Moslems, Zigeunern, Afrikanern und anderen. Bei Frauen ist es einfach. Die kann man diskret am Eingang zählen, jedenfalls ungefähr. Aber woran erkennt man einen pakistanischen Moslem? Gibt es überhaupt welche in Nordirland? Bringen sie womöglich ihre Teppiche mit und beten in der Pause ein bisschen? Und wie will man Zigeuner zählen? Vielleicht anhand ihrer hölzernen Pferdewagen auf dem Parkplatz. Oder muss der Veranstalter zu Beginn der Vorstellung um Handzeichen bitten? »Alle Juden, bitte die Hand heben!« Zählen Jüdinnen doppelt, weil sie in zwei Kategorien auftauchen?

Wie hoch der Anteil von Protestanten und Katholiken ist, die ja zweifellos den Hauptanteil der nordiri-schen Bevölkerung ausmachen und eine konfliktreiche Geschichte hinter sich haben, will das Kulturamt nicht wissen. Oder sind die mit »andere« gemeint? Die Spra-che interessiert das Amt hingegen sehr: »Auf welche Sprachgruppe zielen Sie ausdrücklich bei Ihrer Arbeit ab?« Die beiden möglichen Antworten sind Gälisch und Ulster-Schottisch. Was ist mit Englisch? Müssen die Chinesinnen jetzt eine neue Fremdsprache lernen?

Peter Sirr, der Direktor des Irischen Schriftstellerzent-rums, sagt: »Kunst und Künstler müssen sich offenbar rechtfertigen, indem sie diejenigen ansprechen, die vom Staat im Stich gelassen werden. Dahinter steckt die Ansicht, dass ein künstlerisches Projekt gescheitert ist, wenn es nicht genügend Menschen aus bestimmten Zielgruppen anzieht.« Solch ein Fragebogen mache höchstens Sinn in London oder Manchester, meint Sirr, doch Nordirland sei der am wenigsten ethnisch gemischte Teil des Vereinigten Königreiches.

Vor allem gibt es dort ein ehernes Prinzip, das noch aus den Zeiten des Konflikts stammt: »Was auch immer du sagst – sag nichts.« Wahrscheinlich werden Katholiken und Protestanten deshalb künftig lieber zu Hause blei-ben. Dann werden die Kulturveranstaltungen nur noch von Minderheiten besucht und sind besonders förde-rungswürdig.

Man kann sich die Strategie des Kulturamtes zunutze machen. Der Schriftsteller und Verleger John McGuf-fin aus Derry hat ein Inserat aufgegeben: Er sucht eine schwerhörige, spastische, pakistanische Moslemin, die ein Buch auf Gälisch über die Rivalität zwischen Sunniten und Schiiten im Freizeitclub der nordirischen Grenzstadt Crossmaglen schreibt. Dafür müsste das Kulturamt ein Vermögen herausrücken.

Die Bank ohne Service

Die Beziehung stand von Anfang an unter keinem guten Stern. Jetzt, nach gut einem Vierteljahrhundert, ist sie endgültig zerrüttet. Damals, 1976, eröffnete ich ein Konto bei der Bank of Ireland in Dublin und zahlte 15 Pfund ein, weil ich eine Rechnung per Scheck bezahlen wollte. Der Scheck platzte, der Bankdirektor zitierte mich zu sich und bezichtigte mich des Scheckbetrugs. Zum Glück hatte ich noch den Einzahlbeleg, und der Geldsackverwalter musste klein beigeben.

Danach arrangierten wir uns: Ich versprach, nie nach einem Überziehungskredit zu fragen, und der Bankdirektor garantierte, dass er ihn nicht ablehnen würde. So verbrachten wir viele stressfreie, wenn auch nicht glückliche Jahre miteinander. Doch im Frühjahr nahm die Bank plötzlich keine Schecks mehr an, selbst wenn sie von einer anderen Zweigstelle der Bank of Ireland ausgestellt waren – von meinen deutschen Euroschecks ganz zu schweigen. »Rationalisierungsmaßnahmen«, hieß es. Wie sollte ich nun an das kleine Honorar der kleinen deutschen Zeitung kommen, das auf ein Berliner Konto einging? »Am Geldautomaten«, riet der Zweigstellenchef. Dort, am »Loch in der Wand«, wie man es in Irland nennt, bekommt man aber nur homöopathische Mengen, und wenn größere Rechnungen anstehen, muss man eine Woche lang jeden Tag zum Automaten pilgern.

Auch daran gewöhnt man sich. Als die Bank aber verkündete, dass fortan auch keine Rechnungen mehr am Schalter bezahlt werden können, fragte ich mich, wozu ich überhaupt noch ein Konto benötigte. »Sie können das Geld ja mit der deutschen Karte vom Automaten holen, auf ihr irisches Konto einzahlen und dann von zu Hause aus telefonisch überweisen«, riet der Bank-ohne-Service-Direktor. »Sie müssen sich nur fünf Passwörter merken, von denen wir drei abfragen.« Genauso gut könnte ich von Dublin über Timbuktu nach Berlin fliegen, weil die Fluggesellschaft es so will.

Dabei geht es auch anders: Ein Bauer im Westen Irlands hatte sein Leben lang ein Konto bei der Konkurrenz, bei der Allied Irish Bank. Als er vor kurzem heiratete, erteilte er der neuen Gattin Kontovollmacht, weil er »nicht mit Geld umgehen« könne, wie er behauptete. Nach ihrem ersten Besuch bei der Bank kam die Frau entgeistert zurück: »Du hättest mir doch sagen können, dass du reich bist«, sagte sie, »oder hattest du Angst, dass ich dich nur deines Geldes wegen heiraten würde?« Sie hielt ihm den Kontoauszug hin:

neun Millionen Pfund. Er schwor, er habe noch nie ein Guthaben von mehr als 30 Pfund gehabt.

Er schickte seine Frau zur Bank zurück, um den Irrtum aufzuklären. Das Guthaben war inzwischen auf 18 Millionen Pfund angewachsen. Sie hielt ihn für einen Drogenhändler. Zwei Tage später ging der Bauer selbst zur Bank, um sich über den Geldsegen zu beschweren. Sein Konto stand jetzt bei 28 Millionen Pfund. Der Bauer war verzweifelt, weil ihm seine Frau nicht mehr über den Weg traute. Nach sechs Wochen wurde das Geld kommentarlos von seinem Konto abgebucht. Das müsste mir passieren. Ich hätte genügend kriminelle Energie, um mich an der Bank of Ireland nachhaltig zu rächen.

Bartträger sind Verschwender

Ich rasiere mich jetzt wieder öfter. Bartträger sind Verschwender.

Eine wissenschaftliche Untersuchung im Auftrag der Guinness-Brauerei hat in England ergeben, dass jedes Jahr 162 719 Pints des Bieres in Schnurrbärten hängen bleiben. Ein Pint – das ist das Maß aller guten Dinge, rund 0,56 Liter.

Welche Vergeudung, 91 123 Liter im Wert von 423 070 Pfund Sterling! Weit über eine Million Mark

klebt im Bart. Was könnte man für eine Party feiern, wenn man die englischen Schnurrbärte auswringen würde. Auf die Idee für diese Untersuchung sind die Wissenschaftler bei der Entwicklung von Flaschenfassbier gekommen. Bisher gab es das Fass-Guinness in Dosen: Beim Aufreißen explodierte eine Plastikkapsel mit Flüssiggas und komprimiertem Guinness und verlieh dem Gebräu eine entfernte Ähnlichkeit mit einem gezapften Guinness. Allerdings musste man sich beim Eingießen beeilen, sonst schäumte die Dose über. Das neue Flaschenfassguinness soll direkt aus der Flasche getrunken werden, und so fragten sich Experten, ob es noch andere Vorteile gegenüber der Dose habe. Jemand kam dann auf die Bart-Idee, und die Brauerei beauftragte den führenden britischen Bartexperten,

Robin Dover, mit einer Untersuchung. Das Ergebnis wird vermutlich in die Marketingkampagne einfließen: »Mit Guinness aus der Flasche schneller und billiger zum Vollrausch.«

Wie viel Bier Bartträger verplempern, hängt von der Länge, Dichte und Form des Schnurrbartes ab. In einem kurzen Damenschnauzer geht weniger verloren als in einem Walrossbart. Der schluckt 27,48 Pfund im Jahr, wie die Wissenschaftler ermittelt haben. Was muss da erst der Bart von Günter Grass wert sein? Aber trinkt er überhaupt Bier?

Die Guinness-Bartologen schätzen, dass es in England 92 370 Trinker mit Bart gibt – eine erstaunlich exakte Zahl für eine Schätzung. Im Schnitt trinkt jeder dieser Bartträger 180 Pints im Jahr, also jeden zweiten Tag ein Bier. Für Irland liegen keine vergleichbaren Zahlen vor, aber es liegt auf der Hand, dass alles noch viel schlimmer sein muss: Erstens haben mehr Iren Bärte, und zweitens trinken sie mehr Guinness, während die Engländer eine helle Plörre namens »Lager« bevorzugen. Die ist so dünn, dass sie mühelos durch den dichtesten Bart fließt.

Es ist nicht das erste Mal, dass sich die Wissenschaft mit dem schwarzen Gold der Iren befasst hat. Kürzlich untersuchte ein US-Unternehmen, warum die Bläschen im Guinness-Glas zu Boden sinken, statt nach oben zu schweben, wie es die Physik-Gesetze vorschreiben. Man fand heraus, dass beim Zapfen eine kreisförmige Strömung entsteht, so dass die Luftblasen in der Mitte ansteigen, während sie am Rand, und nur den sieht man ja beim gezapften Glas, nach unten sinken.

In Irland, so schreibt die Irish Times, sei die trinkende Gemeinde bei ihrem Nationalgetränk eher an einem religiösen Aspekt interessiert: Ein Unterpfarrer ist einem Bischof dabei allemal vorzuziehen. Der weiße »Bischofskragen« über dem schwarzen Outfit ist – im Gegensatz zum schmalen Unterpfarrerskragen – viel zu breit, als dass eine solche Schaumkrone auf dem Guinness akzeptiert würde. An diese Faustregel halten sich auch atheistische Trinker.

Ein Bild geht um die Welt

Irland ist eine Insel voller Traditionen. Eine davon ist der Diebstahl der Gemäldesammlung von Alfred Beit. In regelmäßigen Abständen werden die Bilder aus dem Russborough House, dem Sitz der Beit-Familie südlich von Dublin, entwendet und tauchen später wieder auf. Die meisten jedenfalls.

Zuerst war es die Irisch-Republikanische Armee (IRA), die sich in den siebziger Jahren in dem für sie neuen Metier des Kunstraubs versuchte. Unter Leitung von Rose Dugdale, einer englischen Ärztin, stieg eine IRA-Einheit in das Landhaus ein und suchte sich die wertvollsten Stücke aus. Die Untergrundkämpfer konnten

sich nicht lange daran erfreuen, die Polizei nahm Dugdale fest und stellte die Gemälde sicher.

Danach hingen sie eine erstaunlich lange Zeit im Russborough House, bis Dublins Unterweltkönig Martin Cahill, genannt »der General«, 1986 mit seiner Bande einbrach und mit denselben Bildern verschwand, die der IRA ebenfalls gefallen hatten. Auch diesmal bekam Alfred Beit seine Bilder zurück. Die Kuriere, die die heiße Ware aus dem Land transportiert hatten, wurden mit den Kunstwerken im Gepäck in London, Belgien und in der Türkei festgenommen. Lediglich drei Gemälde – ein Rubens und zwei Guardi – blieben verschwunden, weil der General sie als Altersversicherung behalten hatte.

Das war unnötig. Der General, der seine Feinde manchmal auf die Straße nagelte und vor Gericht stets mit Micky-Maus-Maske auftrat, wurde vor ein paar Jahren von der IRA erschossen, weil er Waffengeschäfte mit nordirischen Loyalisten gemacht hatte. Sein Leben wurde in Hollywood gleich zwei Mal verfilmt.

Bis auf den Rubens und die beiden Guardi wanderten die anderen Gemälde wieder an ihren vorübergehenden Platz im Russborough House. Vor kurzem wurden sie abermals gestohlen. Diesmal wird es jedoch nicht so leicht sein, sie zurückzubeschaffen, denn Tommy Coyle ist inzwischen tot. Das irische Satire-Magazin Phoenix hat herausgefunden, dass Coyle ein meisterhaftes Doppelspiel betrieben und Diebe, Polizei, Versicherungsgesellschaften, Hehler und Kopfgeldjäger immer wieder gegeneinander ausgespielt hatte, ohne dass ihm jemand auf die Schliche gekommen wäre. Er wurde ein reicher Mann, da er nicht nur bei Beit, sondern auch bei vielen anderen Kunstdiebstählen und Wiederbeschaffungen seine Finger im Spiel hatte.

Kurz vor seinem Tod versuchte er, den Rubens und die beiden Guardi aus der Hinterlassenschaft des Generals gegen ein Lösegeld an die Versicherung zurückzugeben. Er hatte ein Foto der Gemälde, auf dem auch eine aktuelle Tageszeitung abgebildet war, auf der Toilette einer Kneipe hinterlegt. Coyle wollte mindestens 100 000 Pfund kassieren, doch sein Tod kam ihm dazwischen. Er war der einzige, der über den Verbleib der Bilder Bescheid wusste.

Wenn Ihnen, liebe Leserinnen und Leser, zufällig eins der Gemälde in die Hände fällt, schicken Sie es an Alfred Beit zurück. Sein Haus kennt in Irland inzwischen jeder. Und künftige Generationen von Kunsträubern sollen sich am Russborough House ja auch noch erfreuen können, damit wenigstens diese Tradition erhalten bleibt.

Sehr geehrter Herr Bongo

Die irische Rockkappelle U2 ist unbekannter, als man denkt. Als Bassist Adam Clayton vor einer Weile sturzbetrunken durch Dublin fuhr und von einer Polizeistreife angehalten wurde, schnauzte er den Beamten an: »Ich bin eine Berühmtheit in dieser Stadt.« Der Polizist kannte ihn aber nicht und wollte ihm den Schlüssel abnehmen. Clayton gab Gas, doch dank eines mittelgroßen Polizeieinsatzes wurde er gefasst und angeklagt. Der Richter fragte ihn: »U2? Ist das nicht diese nordirische Tanzgruppe?« Das wurmte Clayton mehr als der Befehl des Richters, sich schriftlich bei dem Beamten zu entschuldigen.

Bei den Simpsons, jener wunderbaren gelbköpfigen

US-Zeichentrickserie, bei der U2 einen Gastauftritt hatte, sammelt Clayton Löffel und sagt ständig: »Wenn ich meine Löffel nicht hätte, wüsste ich nicht, was ich tun sollte.« Sänger Bono hingegen langweilt Homer Simpson mit Müllproblemen: »Die Abfallbeseitigung ist eine Frage, die jeden von uns berührt.«

Bono ist ein Gutmensch. Ob er während des Krieges von einer sicheren Bühne in den USA aus in Sarajevo anruft und den Leuten alles Gute wünscht, ob er mit dem Schnellboot an der Küste von Sellafield landet und gegen die Atomanlage protestiert oder ob er süd-samoanische Guppys vor dem Aquariumstod retten will – Bono ist stets auf der politisch korrekten Seite. Dabei ist er immer der bescheidene Junge geblieben, der in einer Norddubliner Schule im Chor gesungen hat. »Wir waren noch nie cool, wir waren immer heiß«, sagt er. »Die Iren sind wie Italiener, die sich nicht richtig kleiden können, wie Jamaikaner, die nicht tanzen kön-nen.« Und Bono wie Caruso, der nicht singen kann?

Aber sind sie überhaupt Iren? Neulich gewann U2 bei den Brit Awards den Preis für besondere Leistun-gen auf dem Gebiet britischer Musik. Bis dato war die Gruppe stets in der internationalen Kategorie ange-treten. Was war geschehen? Tony Wadsworth, der Vor-sitzende der Jury, sagte: »Sie singen auf Englisch und haben im Vereinigten Königreich einen Plattenvertrag unterschrieben.« Gut, sollen die Briten sie ruhig für sich reklamieren. Um ihre eigene Musik muss es ja schlimm bestellt sein.

Bono, der auch unter der Dusche das Kreuz trägt, das ihm der Papst geschenkt hat, spricht ungern von seinem eigenen Leiden. Er ist gegen Wein allergisch. »Wenn ich Wein trinke«, sagt Bono, »bekomme ich rote Augen. Deshalb trage ich eine Sonnenbrille. Außerdem verliere ich die Stimme und schlafe an den merkwürdigsten Orten ein.« Schickt dem Mann kistenweise Spätburgunder!

Vor kurzem hatte Bono von Captain Beefheart gehört, jenem Altmeister der schrägen Rockmusik, der vor langer Zeit beschlossen hatte, sich aus dem Geschäft zurückzuziehen. Bono, immer auf der Suche nach einem Opfer, das sich bewohltätern lässt, schrieb an Don van Vliet, wie der Captain im wirklichen Leben heißt: Ob er nicht mal bei U2 mitsingen wolle? Gerne könne er auch als Vorgruppe bei einem U2-Konzert auftreten. Captain Beefheart antwortete: »Sehr geehrter Herr Bongo, ich weiß nicht, wer Sie sind, aber bitte schreiben Sie mir nicht mehr.«

Tee trinkende Hooligans
mit Bowler-Hüten verwüsten Belgien

Armes England. Da versucht Premierminister Tony Blair seit seinem Amtsantritt 1997, sein Land als »Cool Britannia« zu vermarkten, aber aller Welt fallen nur

Tee und Skinheads ein, wenn es um die Insel geht. Das hat jedenfalls eine Umfrage des British Council ergeben.

Die meisten Befragten glauben, die Engländer trinken nachmittags Tee, lachen niemals in der Öffentlichkeit und tragen Anzüge und Bowler-Hüte, selbst wenn sie ins Fußballstadion gehen. Dort randalieren sie dann aber zünftig. Eine Belgierin sagte: »Wir mögen die Engländer wegen der Gewalt beim Fußball nicht. Sie ziehen herum, zerstören unser Land und schämen sich nicht mal.« Haben die Verwüstungen, die englische Hooligans angerichtet haben, etwa das Bild geprägt, das man sich in Südamerika von Belgien macht? Eine junge Argentinierin sagte: »Ich würde lieber in einem chaotischeren Land leben, wo die Menschen emotionaler als in England sind, zum Beispiel in Belgien.« Ausgerechnet Belgien, das Land der Autobahnen und Pommes frites. Das ist niederschmetternd für Tony Blair. Aus Südeuropa kommen ebenfalls keine guten Nachrichten für den Premier. »Die Griechen mögen uns auch nicht besonders«, heißt es im Bericht des British Council. »Sie halten die politische Führung Britanniens für streng und gemein.«

Die Engländer leben hinterm Mond, glaubt man vor allem in Fernost. Dort weiß niemand, dass die Briten das World Wide Web und die Potenzpille Viagra erfunden haben, nur das Klonschaf Dolly kennt jeder – und die Herren Bean und Blair: der eine Fernseh-, der andere Unterhauskomiker. Nach den beiden stehen die Spice Girls in der Bekanntheitsskala auf Platz drei.

Die Japaner halten britische Wissenschaftler für verschroben. »Sie sind enthusiastisch, beinahe manisch«, sagte einer, »aber ihre Forschungen sind völlig bedeutungslos. Die USA und Japan hingegen machen Dinge, die Geld einbringen.« Die Japaner halten England für ein intolerantes Land. »Sie haben Skinheads«, sagte eine Japanerin, »und die sind sehr, sehr rassistisch.«

Die Iren wurden vorsichtshalber erst gar nicht befragt. Dabei könnten sie durchaus einige Anmerkungen hinzufügen, was den englischen Rassismus betrifft. Im 19. Jahrhundert wurden Iren in englischen Zeitungen meist als Halbaffen dargestellt, bei Stellenausschreibungen fügte man gerne hinzu: »Iren brauchen sich gar nicht erst zu bewerben.« Doch so weit muss man nicht zurückgehen. Am Wochenende hat das Londoner Innenministerium eine Kampagne gegen Autodiebstahl an Tankstellen gestartet. Man verteilte Plakate an zahlreiche Tankstellen im ganzen Land. Die Botschaft: »Ich glaube, ich werde dein Auto klauen, während du bezahlst.« Unterschrift: »Sean, Autodieb.« Sean ist ein irischer Name, aber das sei Zufall, behauptet das Ministerium: Man wollte der Kampagne lediglich ein »menschliches Antlitz« geben, und da habe man irgendeinen Namen benötigt. Das leuchtet ein. Ein Bob oder Timothy stiehlt eben keine Autos, sondern kleidet sich lieber in Anzug und Bowler-Hut und verwüstet Belgien.

Ein Wettbewerb
in interkonfessioneller Hexenjagd

Niemand heuchelt so gut wie die katholische Kirche in Irland. Vor kurzem wurde Dublins Oberpfaffe Desmond Connell von seinem Boss in Rom zum Kardinal ernannt. Weil Premierminister Bertie Ahern der anderen großen korrupten Institution Irlands vorsteht, der Partei Fianna Fáil, gab er eine Party zu Ehren Connells.

Der wand sich wie ein Aal, da Ahern seit Jahrzehnten in Sünde lebt: Er ist von seiner Frau getrennt und wohnt mit seiner Freundin Celia Larkin zusammen. Die offiziellen Einladungen für die geistliche Bagage waren vom »Premierminister und Celia Larkin« unterschrieben, und so blieben sie alle daheim. Nur Connell nicht, weil es ja schließlich sein Staatsempfang war und er außerdem einen larkinfreien persönlichen Brief von Ahern bekommen hatte.

In seiner Rede holte er dann aber den moralischen Zeigefinger heraus und sprach von der »grundlegenden Verehrung für das Zuhause, das von unserem Schöpfer durch Ehe und Familie zum Zentrum menschlicher Intimität entworfen wurde und wovon die ganze Zukunft unserer Gesellschaft abhängt«. Eine Attacke auf den Premierminister und seine Freundin, frohlockte die Presse, die schon eine Neuauflage des uralten Konflikts zwischen Staat und Kirche witterte.

Um in Sachen Moral nicht von Connell ausgestochen zu werden, gab der Protestantenchef, Dekan Robert McCarthy von der Dubliner St.-Patricks-Kathedrale, ungefragt seinen Senf dazu. Er besuche keine Empfänge, bei denen auf der Einladung Celia Larkins Name neben dem des Premierministers stehe, sagte die Knalltüte.

Früher musste man für diesen Job noch etwas Resthirn nachweisen. Ein ehemaliger Dekan der St.-Patricks-Kathedrale hatte sogar eine ganze Menge davon, es ist schon etwas länger her: Jonathan Swift, der beißende Satiriker, der in der Kathedrale beerdigt ist und bei dem Flachsinn, den sein Nachfolger verzapft, vermutlich im Grab rotiert.

Connell und McCarthy sind offenbar in einen Wettbewerb der interkonfessionellen Hexenjagd getreten. Wer ist Sauberste im Land? Die beiden Moralhüter sind vor anderthalb Jahren schon einmal aneinander gerasselt. Damals schlug McCarthy vor, eine katholische Messe in der St.-Patricks-Kathedrale zu zelebrieren. Als die Presse davon Wind bekam, bestritt McCarthy, dass das als Einladung für Connell gemeint war. Der wunderte sich: »Schwer zu verstehen, was er damit meinte und wie es umgesetzt werden soll, wenn kein katholischer Pfarrer dabei sein kann.«

Fast wäre Gras über die Sache mit dem peinlichen Premier und seiner Konkubine gewachsen, da meldete sich die Staatssekretärin im Außenministerium, Liz O'Donnell, zu Wort. Die Worte, die sie benutzte, sind aus dem katholischen Sprachgebrauch verbannt: pädophile Priester. »Die Kirchenvertreter sollten lieber an ihre eigenen Probleme mit der Moral denken, bevor sie sich lautstark in anderer Leute Privatangelegenheiten einmischen«, sagte O'Donnell. Vor zehn Jahren hätte sie das – im übertragenen Sinne – den Kopf gekostet, und vor 50 Jahren vermutlich im wörtlichen Sinn. Connell hat das Pech der späten Geburt.

Geselligkeitszwang
und cholerische Nachbarn

Wem nicht schnell genug eine Ausrede einfällt, der ist selber schuld. Als Mary, die Nachbarin, mit Eintrittskarten für die Nachbarschaftsweihnachtsfeier vor der Tür stand, wandte ich lahm ein, dass ich mittwochs immer Fußball spiele. »An diesem Mittwoch nicht«, sagte sie streng und zog mir 15 Pfund aus der Tasche. »Und sei pünktlich.«

Im Dezember sollte man Irland meiden, denn in diesem Monat grassiert auf der Grünen Insel der Geselligkeitszwang. Kein Büro und keine Firma, kein Sportclub und keine politische Partei, die nicht eine grässliche Christmas Party ausrichtet. Fröhlichkeit ist zwingend vorgeschrieben, Trunksucht ebenfalls. Wer über die Feiertage nicht mindestens fünf Pfund zunimmt und nach zwölf Uhr mittags noch nüchtern ist, hat die irische Variante des Weihnachtsgedankens falsch verstanden.

Bei den Alkoholika hat man freie Wahl, doch das weihnachtsfeierliche Essen ist vorbestimmt: Gummi-schinken und ein Truthahn, der vermutlich friedlich entschlafen ist, Gemüse, aus dem jedes Leben heraus-gekocht wurde, und dazu ein Berg zerfallener Kar-toffeln. Die möglicherweise noch vorhandenen Ge-schmacksreste werden dem Essen mittels einer alles ertränkenden Sauce ausgetrieben.

Schlimmer ist jedoch der Unterhaltungsteil. Das zu-ständige Nachbarschaftskomitee hatte eine Karaoke-Animateurin angeheuert, die unerbittlich die Leute ans Mikrofon trieb. Ich zog mich an die Bar zurück und beobachtete das grauenhafte Treiben aus der Ferne. Eine solch niedrige Schamgrenze hätte man einigen Nachbarn gar nicht zugetraut.

Dann wurde es aber doch noch ganz lustig, weil die Feiernden im Zuge fortgeschrittenen Alkoholkonsums immer gehässiger über nicht anwesende Nachbarn herzogen. Derek erzählte, dass er einen Dachdecker für Reparaturarbeiten bestellt hatte. Er kam prompt und deckte das Dach von Herrn Marley, dem Nach-barn, ab, worauf der einen Tobsuchtsanfall bekam und die Polizei rief. Kurz darauf fuhren zwei Mannschafts-wagen mit quietschenden Reifen vor und stellten den Dachabdecker zur Rede. Er sei »etwas durcheinander« gewesen, räumte er ein. Vermutlich eine Weihnachtsfeier des Dachdeckerverbandes. Zur Strafe musste er das Dach von Herrn Marley neu decken, während der wie ein Habicht in der Regenrinne hockte.

Das sei ja harmlos, meldete sich Robbie zu Wort. Sein Nachbar, ein Herr Clarke, sei ein besonders cholerisches Exemplar eines Nachbarn. Vor kurzem, als Robbie sein Haus von einem Maler mit einem Sandstrahlgebläse reinigen ließ, stürzte seine Tochter ins Haus und verkündete, dass Herr Clarke gerade den Maler verhaue. Der Grund: Bei der Gebäudereinigung waren Farbspritzer auf die Pflanzen von Frau Clarke geraten. »Du hast zwar erwähnt, dass dein Nachbar merkwürdig ist, aber du hast vergessen, mir zu sagen, dass er komplett verrückt ist«, sagte der Maler und machte sich aus dem Staub. Das halb gereinigte Haus war der Nachbarschaftsvereinigung ein Dorn im Auge. Man bat Robbie nachdrücklich, dem Gebäude ein ästhetischeres Erscheinungsbild zu verleihen. Robbie strich es rosa. Er hasst Rosa, aber er weiß, dass die Nachbarn die Farbe noch mehr hassen.

Willst du zum Volkstanz,
bleibe abstinent

Der Ire ist trinkfreudig, rauflustig und verfällt unweigerlich in Gesang, wenn er genug intus hat. So lautet jedenfalls das Klischee über die Bewohner der Grünen Insel. Offenbar ist es aber gar kein Vorurteil, wenn man dem irischen Gesundheitsminister Micheál Martin glauben kann. »Überall trinken sie, sind andauernd betrunken, und Kampftrinken ist ein ganz besonderes Phänomen«, sagte er angeekelt. »Wir dürfen uns nicht länger etwas vormachen, sondern müssen der Realität unseres nationalen Alkoholproblems fest ins Auge sehen.«

Deshalb rief er eine Abstinenzkampagne ins Leben, die vor allem auf Jugendliche abzielen soll. 1,5 Millionen Pfund hat die Trockenheitsbotschaft bisher gekostet. Das Geld hätte er besser in ein zünftiges Gelage angelegt. Die Kampagne blieb jedenfalls völlig wirkungslos, weil sie offenbar von Greisen konzipiert wurde, die sich verzweifelt um das bemühen, was sie für die Sprache der Jugend halten.

Die Internetseite, die sie entworfen haben, heißt »Cool Choices«. Sie enthält das Feld: »Willst du high werden?« Wer es in der Hoffnung auf ein paar Tipps für den korrekten Drogenkonsum anklickt, erhält den Ratschlag, sich eine Briefmarkenkollektion zuzulegen. Auch das Sammeln von Telefonkarten sei empfehlenswert. Man könne in der Freizeit freilich auch Fliegenköder zum Angeln basteln. Davon soll man high werden?

An anderer Stelle auf der Website wird vor der Trunksucht mit Hilfe eines Cartoons gewarnt, das aus den fünfziger Jahren stammen könnte. Ein anständiges Mädchen mit hochgeschlossenem Kleid und Pferdeschwanz späht durch ein Kneipenfenster und sieht ihre kurzberockte Freundin bechern. »Wie kann sie nur, wir wollen morgen doch tanzen«, denkt sie entsetzt. Es kommt, wie es in der Vorstellung des geriatrischen Zeichners kommen musste: Am nächsten Tag beim Volkstanz stürzt die Freundin aufs Parkett und röhrt: »Whoo ... aahhh!« Merke: Willst du zum Volkstanz, bleibe abstinent.

Um der Botschaft Nachdruck zu verleihen, hat die Regierung Prominente angeheuert – allerdings nur das B-Team: Mikey von der Gruppe Boyzone, der Fußballer Jason Sherlock, die Ansagerinnen des staatlichen Fernsehens RTE und die britische Mädchenband Atomic Kitten. Die tritt auch bei RTE in einem Fernsehwerbespot gegen Alkohol auf. Gleichzeitig rühmen sich die Girls auf dem Musiksender MTV, dass sie jede freie Minute damit verbringen, sich in ihrer Stammkneipe voll laufen zu lassen. Ein neues Bandmitglied wählten sie danach aus, wer von den Bewerberinnen am meisten saufen konnte. »Die Band Atomic Kitten«, hämte ein Teenager, »war eine außergewöhnliche Wahl für eure Sache.« Es ist das Gleiche, als würde George W. Bush für die Friedensbewegung werben.

Das einmütige Urteil der irischen Jugend lautet denn auch: »Die Kampagne ist Scheiße. Sie ist eine Beleidigung der Intelligenz von Teenagern.« Die Internetseite ist inzwischen geschlossen. Wer sie anklickt, erhält die Mitteilung: »Wir haben viele Rückmeldungen auf unsere Seite bekommen. Deshalb wird sie neu konstruiert.« Hoffentlich von Leuten unter 80.

Schade, dass ich kein Moped bin

Ich war lange nicht mehr in Cork gewesen. In keiner anderen Stadt Irlands gebe es eine solche Anhäufung merkwürdiger Menschen, behaupten die Iren. Die Dubliner meinen gar, Leute aus Cork seien überhaupt keine Iren. Neulich mussten mein Kollege Aribert und ich aus beruflichen Gründen nach Cork.

Das Isaac's Hotel ist nicht leicht zu finden, wir sind auf die Hilfe der Eingeborenen angewiesen. Der Erste, den wir fragen, ist Mopedkurier für eine Pizzeria. Er schlägt vor, dass wir einfach hinter ihm herfahren, er würde ohnehin am Hotel vorbeifahren. Wir sausen durch die Stadt, bis wir in einer Sackgasse landen, während der Mopedpizzamann über den Bürgersteig rast und in einer Seitenstraße verschwindet. Aha, Cork also, denken wir uns und wenden. Plötzlich taucht der Mopedfahrer wieder auf. »Ich dachte, ihr seid

ein Moped«, meint er. Nun sei alles viel komplizierter. Wir müssen über die Brücke auf die andere Seite des Flusses und über eine andere Brücke wieder zurück. »Wegen der Einbahnstraßen«, sagt er. »Schade, dass ihr kein Moped seid.« Schade, dass der Mopedfahrer keine Ahnung hat. Seine Wegbeschreibung ist zwar genau, führt aber zum falschen Hotel.

Doch schon finden wir einen anderen hilfsbereiten Corker. Er kenne das Hotel sehr gut, sagt er, neulich erst habe er dort mit seiner Großnichte gespeist. Es sei keine zehn Minuten entfernt. Zu Fuß. Mit dem Auto würde es doppelt so lange dauern, wegen der Einbahnstraßen. Da wir das Auto aber nicht in der Innenstadt stehen lassen können, entscheiden wir uns für den abenteuerlichen Weg. »Also«, beginnt er seine Wegbeschreibung, »da vorne rechts, bis zum Ende der Straße, dann links über die Brücke, gleich rechts, erste Straße links. Kapiert?« Ich bejahe, was ihn nicht daran hindert, die Beschreibung zu wiederholen. »Kapiert?« Ich nicke stumm und voller Entsetzen, weil er sogleich von vorne beginnt. Bin ich in der Endlosschleife eines Films gelandet? Nach dem vierten Mal muss ich die Beschreibung aufsagen, dann ist er wieder dran. Wir fahren los, während er die siebte Runde anfängt.

Auch diese Wegbeschreibung ist falsch, sie führt uns geradewegs in den Hafen. Aribert schlägt vor, ich solle den Mann am Kai fragen. Ich weigere mich zunächst, weil er trotz strahlenden Sonnenscheins eine Pudelmütze auf dem Kopf hat, aber es ist niemand anderes in der Nähe. Meine Vorahnung erweist sich umgehend als richtig. Unser Hotel sei völlig unwichtig, sagt er, wir sollten uns lieber darum kümmern, dass er vom irischen Geheimdienst bereits zwei Mal angeschossen worden sei und seine Tochter vom Herzog von Cornwall in Warschau gefangen gehalten werde. Er habe sich bereits an den Europäischen Gerichtshof für Menschenrechte gewandt. Dann zieht er eine dicke Akte aus der Tasche. Außerdem habe er den ganzen Fall auf einer Audiokassette dokumentiert, fügt er hinzu und will die Kassette gleich ins Autoradio schieben.

Am Ende finden wir unser Hotel doch noch, weil wir nach dem Metropole Hotel fragen. Man schickt uns schnurstracks zum Isaac's Hotel. So ist er, der Corker.

Ein Plastikball im Porzellanladen

Warum zieht es einen immer wieder in einen Pub, in dem man gedemütigt wird? Zwei Mal war an dieser Stelle (siehe »Irish Toffee« und »Der keltische Tiger«, Edition Nautilus) schon die Rede von Cumiskey's, jenem Wirtshaus am Dubliner Broadstone, in dem Vater und Sohn Cumiskey sich nicht nur gegenseitig, sondern auch ihren Gästen mit Bosheiten das Leben zur Hölle machten. Nachdem sich der alte Aidan zur Ruhe gesetzt hatte, wollte sein einfältiger Sohn Stephen das Etablissement modernisieren und erweitern, erreichte aber das Gegenteil: Bei den Bauarbeiten stellte sich heraus, dass die Kneipe auf ein paar Felsen über dem Fluss Poddle balancierte. Die Baupolizei schloss den hinteren Raum, so dass der Pub nur noch aus einer winzigen Bar und einem Toilettenverschlag bestand, der an den Tresen montiert war.

Nun hatte Stephen es geschafft, nach einem Jahr Bauzeit und mit viel Zement den hinteren Raum so zu sichern, dass die Baupolizei zufrieden war. Zur feierlichen Wiedereröffnung veranstaltete er ein Quiz, bei dem Teams aus vier Leuten Fragen zum Allgemeinwissen beantworten mussten. Als Hauptpreis winkte eine Flasche zwölf Jahre alter Whiskey.

Hinter mir saß eine Trauergemeinde, die seit der Beerdigung am Vormittag zügig ihren Kummer heruntergespült hatte. Ein älterer Herr rammte mir jedes Mal, wenn er auf die Toilette musste, was aufgrund des phänomenalen Bierkonsums recht häufig war, seinen Stuhl in den Rücken. Als ich das beim siebten Mal monierte und ihm den Stuhl zurück in die Kniekehlen schob, so dass er auf den Sitz plumpste, sprang sein Sohn auf und behauptete, ich hätte seinen Vater attackiert.

Zum Glück war sein Vater nicht wählerisch, wen er mit seiner Grantigkeit bedachte. Er befahl seinem Sohn, die Schnauze zu halten. Mir dagegen reichte er die Hand. Sein Sohn stierte mich aus glasigen Augen an und lallte: »Wenn ich glauben würde, dass du meinen Vater beleidigen wolltest, müsste ich dich jetzt töten.« Das ärgerte seinen Bruder so sehr, dass er ihm zur Strafe ein Bier über den Kopf schüttete, woraufhin ein Mega-Familienkrach ausbrach.

Das Quiz musste vorübergehend unterbrochen werden. Bald tat der Alkohol jedoch seine Wirkung, und die Trauerfamilie verfiel ins Delirium, was Stephen ausnutzte, um ihnen die Getränke wegzunehmen. Nach der letzten Frage lagen wir mit dem Nachbartisch gleichauf. Die Stichfrage nach der Hauptstadt der Niederlande beantworteten wir korrekt mit Amsterdam, während unsere Gegner sich für Den Haag entschieden.

Wir öffneten den Whiskey an Ort und Stelle, da es Stephen gelungen war, uns in unserem Siegestaumel die Biere zu entwenden. Stuart vom unterlegenen Team starrte unterdessen ungläubig auf den zweiten Preis: einen Plastikball. Als wir ihm fröhlich zuprosteten, warf er den Ball nach uns, aber der prallte von der Wand ab und traf den Nebentisch, wo gerade eine neue Runde serviert worden war. Nachdem der Ball den Tisch komplett abgeräumt hatte, sprang er vom Boden zurück an die Wand und schoss einem Zwerg das volle Glas aus der Hand. Es war wie in einem Italo-Western – irgendwie passend für die Wiedereinweihung des Wirtshauses zur Hölle.

Delfinplage in Fanore

Wie wird man einen ungebetenen Delfin los? Mein Freund Liam Casey grübelt darüber nach, wie man solch ein unhandliches Tier unauffällig beseitigt. Da der Delfin seine Zelte vor Liams Haus im westirischen Fanore aufgeschlagen hat, wimmelt es nur so von Touristen. Morgens um sechs kommen die ersten Taucher und machen einen Höllenlärm, so dass an Schlafen nicht mehr zu denken ist. Tagsüber herrscht ein Verkehr wie auf der O'Connell Street, Dublins Hauptstraße. Manchmal kommt es sogar zu langen Staus, was in diesem Teil Irlands bisher höchstens Schafe ausgelöst hatten. Die Delfinfreunde parken gerne auch vor Liams Tor, so dass ihm die Zufahrt versperrt ist. Das »Dolphin Spotting« ist erst mit Einbruch der Dunkelheit vorbei.

Nur manchmal, wenn der Delfin einen Ausflug in die Nachbarbucht macht, hat Liam seine Ruhe, weil die Touristenkarawane dann ebenfalls weiterzieht.

Meistens sind Delfin und Delfingucker aber genau vor Liams Haus. Neulich marschierten die Delfingucker sogar ins Haus und verlangten, die Toilette benutzen zu dürfen.

Zunächst war es den Anwohnern gelungen, den Delfin geheim zu halten. Er lebt nämlich schon seit Herbst 2000 in Fanore, aber das wussten nur die Einheimischen. Doch nicht alle hielten dicht. Liams Nachbar, der eine kleine Pension betreibt, erkannte in dem Delfin ein tourismustaugliches Objekt und benannte seinen Laden im Frühjahr 2001 um: »Dolphin Watch Lodge«. Darüber hinaus schaltet er täglich Annoncen in der nationalen Presse, so dass er seitdem stets ausgebucht ist.

Die Zimmer nach vorne heraus kosten etwas mehr,

weil man dort vom Bett aus das Treiben des Meeressäugers beobachten kann. Und der Delfin bietet etwas fürs Geld. Kaum geht jemand baden, kommt das Tier an und verlangt, dass man sich an seiner Rückenflosse festhält, um ein bisschen spazieren zu schwimmen. Alles lässt sich der Delfin freilich nicht gefallen. Dem »kleinen Vampir«, einem einheimischen Jugendlichen, der so genannt wird, weil er genauso aussieht wie die Kinderbuchfigur, hat er die Schwanzflosse um die Ohren gehauen, als der versuchte, das Tier mit einem Lasso einzufangen, um sich auf Wasserskiern durch die Bucht ziehen zu lassen. Doch meist ist der Delfin kooperationsbereit. Möglicherweise hat das Tier Mitleid mit den Menschen, weil sie so langsame Schwimmer sind. Delfine gelten ja als klug.

Harry Rowohlt ist anderer Meinung: »Sie sind dümmer, als man denkt«, sagte er neulich bei einem Besuch in Fanore. »Wir sind in Griechenland mit einem Fischerboot aufs Meer gefahren. Die Delfinherde wollte uns von ihren Fischgründen weglocken. Wir sind hämisch lachend in die entgegengesetzte Richtung gefahren und haben fette Beute gemacht.«

Darauf zu setzen, dass der Delfin eines Tages von alleine verschwindet, ist hoffnungslos. In Dingle im Südwesten gibt es einen anderen Delfin. Funghi, so heißt der, kurbelt die dortige Tourismusindustrie bereits seit 17 Jahren an. Liam überlegt nun, ob es eine schrille Pfeife gibt, deren Ton für Delfine unerträglich ist. Eine Harpune ist wahrscheinlich sicherer.

Auf der Grünen Insel
regieren braune Umschläge

Irland ist das Land der braunen Umschläge. Es gibt keine staatliche Transaktion, bei der nicht irgendwelche Schmiergelder gezahlt würden. Fianna Fáil, die Soldaten des Schicksals, haben die Grüne Insel seit den dreißiger Jahren mit kurzen Unterbrechungen regiert, viele ihrer hochrangigen Mitglieder haben es dank der braunen Umschläge – von Neidern »Korruption« genannt – zu erheblichem Wohlstand gebracht.

Zu den Neidern gehört die größte Oppositionspartei Fine Gael, Stamm der Gaelen. Wer wollte ihnen verdenken, dass sie auch mal an die Fleischtöpfe wollte. Und die Stammesgälen hatten Glück: Als sie 1995 an der Macht waren, wurde gerade die zweite irische Mobilfunklizenz vergeben – welch Gelegenheit! Fine Gael setzte die Lizenzgebühr für die Firma Esat auf 15 Millionen Pfund fest. Ein Schnäppchen, denn fünf Jahre später wurde Esat an die norwegische Telenor verkauft, und Esat-Chef Denis O'Brien verdiente dadurch 221 Millionen Pfund.

O'Brien war nicht undankbar. Hatte er im Vorfeld der Lizenzvergabe bereits 15 000 Pfund an Fine Gael gespendet, legte er sechs Wochen nach Inbetriebnahme von Esat noch mal 50 000 Dollar drauf. Vorsichtshalber bat er Telenor, den Scheck auszustellen, weil Esat im Hintergrund bleiben wollte. Es hätte ja sonst wie Bestechung ausgesehen. Und das sei ja Unfug, behauptet O'Brien: Telenor habe aus freien Stücken gezahlt, weil das Unternehmen »politische Kontakte unabhängig von Esat entwickeln« wollte. Das ist eine neue Variante. Bisher haben dubiose Spender stets behauptet, dass sie »den demokratischen Prozess unterstützen« wollten. Merkwürdig auch, dass Esat die Spende, mit der man angeblich gar nichts zu tun hatte, später an Telenor zurückzahlte.

Aber Fine Gael wollte das Geld gar nicht – jedenfalls nicht so direkt. Der damalige Fine-Gael-Chef John Bruton sagte, seine Partei habe erst 1998 erfahren, dass der Scheck von Telenor stammte. Bis dahin hatte man angenommen, dass es sich um eine persönliche Spende des Schatzmeisters David Austin gehandelt habe.

Das Timing stimmt jedoch nicht. Austin hatte der Parteiführung erzählt, dass »irgendein Unternehmen, das mit Esat verbandelt ist, 50 000 Dollar in die Parteikasse gezahlt« habe, aber Ehrenmann Bruton habe die Spende zurückgewiesen. »Das Geld soll bleiben, wo es ist«, habe er gesagt und diesen Satz als Beweis für die Ablehnung der Spende angeführt. Allerdings war das Geld damals bereits auf dem Privatkonto von Austin auf der Insel Jersey, einem Eldorado für Steuerhinterziehung und dunkle Geschäfte.

Ein Jahr später zahlte Austin das gereinigte Geld in Fine Gaels Parteikasse, und alle waren zufrieden. Bis die Sache nun aufflog. Fine Gael schickte geschwind einen Scheck über 50 000 Dollar an Telenor, um den Schaden wieder gutzumachen. Telenor schickte den

Scheck weiter an Esat. Und Esat schickte ihn drei Monate später an Fine Gael zurück. So ein heißer Scheck kommt viel herum. Günstig nur, dass Austin in der Zwischenzeit verstorben ist. Tote sind die besten Sündenböcke.

Jesus, König der Schwulen

Bei den christlichen Kirchen sind Todesurteile längst aus der Mode gekommen. So fühlte sich der US-amerikanische Schriftsteller Terence McNally ziemlich sicher, als er sein Stück »Corpus Christi« schrieb. Darin wird Jesus als Homosexueller dargestellt, der von seinem Liebhaber Judas verraten wird. Zum Schluss wird er als »König der Schwulen« gekreuzigt.

Nun ist McNally doch zum Tode verurteilt worden, nachdem das Stück in London Premiere hatte. Die Gruppe »Al-Muhajiroun« – »Stimme, Ohren und Augen der Moslems« – hält das Theaterstück für blasphemisch, denn im Islam gilt Jesus als Götterbote. Die Anhänger der Gruppe, die in Großbritannien rund 800 Mitglieder hat, verteilten nach der Aufführung Kopien der Fatwa vor dem Pleasance-Theater. Scheich Omar Bakri Muhammed, der das Todesurteil unterzeichnet hat, sagte: »Wer Allah und den Götterboten beleidigt, muss wissen, dass das ein Verbrechen ist.«

Zum Glück für McNally soll die Fatwa aber nur in islamischen Staaten vollstreckt werden. »Dazu gehören weder Großbritannien noch die USA«, meinte der Scheich. »Einzelne Moslems sollen nicht versuchen, das Urteil zu vollstrecken. Sollte McNally aber in ein islamisches Land reisen, drohen ihm Festnahme und Hinrichtung.«

Er hat jedoch eine Chance: Wenn er Moslem wird, ist die Angelegenheit laut islamischem Gesetz vergessen. Reue allein reiche nicht, sagte der Scheich: »Dann wird er trotzdem hingerichtet, aber er darf auf einem moslemischen Friedhof begraben werden, und der islamische Staat, der das Urteil ausgeführt hat, kümmert sich um seine Familie.« Immerhin. Aber das gehört sich ja auch. Schließlich sitzt Scheich Omar im Vorstand der »Moslemischen und kulturellen Gesellschaft von Enfield und Haringey«, einem als gemeinnützig anerkannten Wohlfahrtsverband. McNally könnte anderer Meinung sein, was die Gemeinnützigkeit angeht, denn Mitglieder dieses Verbands haben die Fatwa gegen ihn fotokopiert und an die Theaterbesucher verteilt. Die Aufsichtsbehörde der Wohlfahrtsverbände will nun untersuchen, ob das etwa mit britischen Steuergeldern finanziert worden ist.

Scheich Omar besteht darauf, dass das Todesurteil rechtmäßig sei. Er kritisierte die christlichen Kirchen, weil sie nicht gebührend gegen das Stück protestiert hätten. »Die Kirche von England hat die Ehre der Jungfrau Maria und ihres Sohnes Jesus vernachlässigt«, klagte der Scheich. »Dass sie nichts unternommen haben, ist Blasphemie.« Und was auf Blasphemie steht, ist bekannt. Chefin der Kirche von England ist Königin Elisabeth. Sie sollte sich vorerst hüten, in ein islamisches Land zu reisen.

Dublin Blues

Ian sieht ziemlich heruntergekommen aus: Die zerbeulte blaue Hose schlabbert ihm um die Beine, das zerknitterte Jackett in einem dunkleren Blau beißt sich mit der Hose, am Revers blättert irgendein Wappen ab. Sein Kollege Tony macht auch keinen besseren Eindruck, er ist in eine dunkelblaue Hose und einen hellblauen Pullover gekleidet, beides ist mindestens eine Nummer zu klein. Ian und Tony schwitzen, denn es herrschen sommerliche Temperaturen, was mitunter auch in Irland vorkommt.

Die beiden Männer gehören der Garda Síochana an, den Wächtern des Friedens. So heißt in Irland die Polizei. Die Beamten haben eine neue Uniform bekommen – von miserabler Qualität, schlecht sitzend und obendrein unpraktisch. »Wenn du den Schlagstock zücken willst«, meint Ian, »machst du dich nur lächerlich. Bis du das Gerät aus dem viel zu langen Halfter gezwirbelt hast, ist selbst ein gehbehinderter Gangster über

alle Berge.« Mit Stift und Notizbuch sei es ähnlich, sagt
Tony: »Die Taschen sind so schwer zugänglich, dass
mich neulich ein Falschparker gebeten hat, ihm eine
Ansichtskarte zu schicken, wenn ich fündig geworden
sei. Dann fuhr er davon, ich konnte mir nicht mal seine
Nummer notieren.«

Wer immer die Uniform entworfen hat, und viele Beamte mutmaßen, dass die Unterwelt dabei mitreden durfte, hat einen Sommerpullover vergessen. So müssen die Polizisten in ihrem dicken Wollpulli oder der schweren Uniformjacke rösten oder hemdsärmelig frieren, denn ganz so warm wird es in Irland dann doch selten. Die Hosen der Sommeruniform sind aus demselben Stoff wie die Winterhosen, sie sind nur etwas heller.

Aber wann beginnt der Sommer? Das ist den Beamten überlassen. Wenn zwei von ihnen auf Streife gehen, der eine winterlich, der andere sommerlich gekleidet, dann sehen sie aus wie die Rebellen von 1916, die sich aus verschiedenen Asservatenkammern Phantasieuniformen zusammengeklaut hatten. »Dabei ist der Sinn einer Uniform doch«, jammert Ian, »dass wir alle uniform, also gleich aussehen.« Hinzu kommt, dass das offizielle Polizeiwappen, das ihnen eine gewisse Würde verleihen soll, auf den neuen Uniformen nur aufgemalt ist und schon nach der ersten Reinigung verblasst und schließlich abbröckelt.

»Noch schlimmer ist es, wenn wir in Dublin Verkehrsdienst machen und uns die fluoreszierenden Jacken überziehen«, sagt Tony. »In Verbindung mit der Uniform sehen wir aus wie Baustellenwarnhütchen, es fehlt nur noch, dass sie uns ein Blaulicht auf den Kopf stülpen.«

Unzufrieden sind die Beamten auch mit ihrer Unterbringung. Wegen der hohen Mietkosten in den

Städten müssen sie sich zu dritt ein Zimmer teilen, während die Verbrecher, die sie bisweilen schnappen, im Gefängnis höchstens zu zweit in der Zelle sitzen. Das hat aber auch einen Vorteil: Wenn sie morgens auf Streife gehen, können sich die Beamten gegenseitig in Kleidungsfragen beraten.

Dagobert Duck bei Olympia

Früher nannte man den britischen Staatsfunk BBC auch »die große alte Dame«. Heute ist sie nur noch eine alberne Gans. Daran sind die Olympischen Spiele schuld. Der Sender hat törichterweise Unsummen für die Übertragungsrechte ausgegeben, und nun muss man die Nation zu nachtschlafender Zeit an den Bildschirm locken. Um die Wahlmöglichkeiten der Zuschauer einzuschränken, wird Olympia auf beiden BBC-Sendern übertragen.

Der Engländer interessiert sich aber nur für seine Landsleute. Während in Sydney die Wettbewerbe stattfanden, diskutierte die BBC mit den britischen Hundert-Meter-Läufern, wie die drei die Medaillen unter sich verteilen würden. Am Ende wurde es Blech.

Besser lief es beim Rudern. Der Sender schickte seinen Starreporter Steve Ryder an den Penrith Lake, und der sorgte dafür, dass der britische Vierer ohne Steuermann Olympiasieger wurde. Kaum war das Rennen losgegangen, begann Ryder zu brüllen: »Ja, Jungs, ihr schafft es!« Die britischen Ruderer hatten seit 1912 keine Goldmedaille mehr gewonnen, und nun kamen die Kroaten und griffen den britischen Vierer an. »Mein Gott«, schrie Ryder, »lasst sie nicht herankommen. Schaut doch nach links.« Die Ruderer schauten nach links und übersahen fast die Australier, die rechts attackierten. Eine ehemalige Kolonie, wie entwürdigend. Ryder ignorierte sie. Hundert Meter vor dem Ziel gab es aber kein Halten mehr: »Ihr schafft es, ja, ja! Gold! Gold! Gold!« Er klang wie der junge Dagobert Duck am Yukon. Selbst die Stimme war entenhaft. Dann versagte sie, und Ryder wurde in einer ärmellosen Jacke abtransportiert.

Der schottische Sportkommentator Tom Shields hat für diesen Unfug nichts übrig. »Rudern steht höchstens ein, zwei Stufen über Tontaubenschießen oder den anderen lächerlichen Sportarten, in denen die Briten hin und wieder Medaillen gewinnen«, schrieb er in einer schottischen Sonntagszeitung. Aber er hatte auch Verständnis für seinen Kollegen Ryder: »Wenigstens konnte Herr Ryder sein Manuskript abwandeln, das er die ganze Woche verwendet hat. Es begann immer mit den Worten, dass bedauerlicherweise kein britischer Teilnehmer im Finale vertreten sein wird.«

Einen Tag später hatte die BBC ihren Starreporter mit Aufputschtabletten fit gemacht, und er saß wieder am Lake Penrith. Diesmal war der Vierer der Frauen an der Reihe, und Ryder lief zur alten Form auf. Noch nie hatten britische Ruderinnen eine Medaille gewonnen, aber Ryder wollte es richten. »Sie greifen die Deutschen an! Wir kämpfen um Gold! Jetzt um Silber! Bronze, Bronze! Oh! Oh!« Ein brasilianischer Fußballkommentator wirkt wie ein kalter Analytiker im Vergleich zu Ryder. Die Moderatorin im Studio versicherte den Zuschauern, dass der aufgeregte Reporter sich in einem abgedunkelten Raum bei einer Tasse englischen Tees erhole.

Was ist bloß aus der englischen Contenance geworden? Am nächsten Tag wiederholte die BBC beide Ruderrennen mit Originalton. Am übernächsten Tag auch. Dann bekamen die Rennen einen festen Sendeplatz bei der BBC und werden seitdem täglich um Mitternacht ausgestrahlt. Bis zu den nächsten Olympischen Spielen.

Urkeln mit Harrü-Faktor
Gespräch mit Harry Rowohlt

Harry Rowohlt: »Ich übersetze gerade ein Buch, da kommen die irischen Vorfahren drin vor. Würdest du Ur-Kelten oder Urkelten schreiben?«

Ralf Sotscheck: »*Urkelten. Deine Frau Ulla ist gestern durch die Kneipe in Ballyvaughan geurkelt. Und du hast dir den Schnurrbart nicht auf Suppenlänge zurechtgestutzt. Da hängen noch mindestens zwei Schluck Guinness drin.«*

Harry Rowohlt: »Man muss eben in jedem Land versuchen, die Damen mit dem anzulocken, was sie interessiert. In Irland ist das Guinness.«

Ralf Sotscheck: *»Dann werden wir jetzt nachladen.«*

Harry Rowohlt: »Ich mache erst mal einen Mittagsschlaf.«

Ralf Sotscheck: *»Aber es ist sieben Uhr abends.«*

Harry Rowohlt: »Na und? Ich bin Viertelitaliener, ich habe Recht auf eine Siesta. Außerdem hast du das einzige Zimmer mit Blick auf das Meer.«

Ralf Sotscheck: *»Du hast dafür Kuhblick und Parkettboden und keine Teppichfliesen wie im letzten Hotel.«*

Harry Rowohlt: »Brutstätten! Teppichfliesen sind wie Nudelsalat. Ohne Nudelsalat wären die Salmonellen längst ausgestorben.«

Ralf Sotscheck: *»Dennoch hast du nur das Recht auf eine Viertelsiesta. Wir dürfen auf keinen Fall die Kneipenöffnungszeit verpassen.«*

Harry Rowohlt: »Na, du hast doch deinen Kneipenwecker. Der berühmte Sotscheck'sche Kneipenwecker. Nein, das klingt nicht gut, dieser Begriff wird nicht seinen Weg machen. Da müsstest du wenigstens Lehmann oder Liebig heißen. Wie der Erfinder des Fleischextrakts. Jeder weiß, wie mein Freund Alfred Polgar schrieb, wer den Fleischextrakt erfunden hat, aber die wirklich wichtigen Leute, wie den Erfinder des Rades, kennt niemand.«

Ralf Sotscheck: »*Wer hat eigentlich die Latichte erfunden?*«

Harry Rowohlt: »Das ist eine Laterne, und es heißt Latüchte.«

Ralf Sotscheck: »*In Berlin heißt das Latichte.*«

Harry Rowohlt: »Das liegt daran, dass Berliner kein Ü aussprechen können.«

Ralf Sotscheck: »*Stümmt gar nicht.*«

Harry Rowohlt: »Der Skandinavier spricht das Ypsilon wie Ü aus, zum Beispiel Harrü. Und Proll-Faktor heißt in Skandinavien Harrü-Faktor. Beim vorletzten Grand Prix Eurovision de la Chanson wurde ein Interpret von der skandinavischen Presse gelobt, er habe sich zwar einen Goldlamésakko ausgeliehen, der Proll-Faktor sei aber immer noch nicht hoch genug gewesen.«

Ralf Sotscheck: »*Für deinen Proll-Vornamen kannst du nichts. Ich kann auch nichts für meinen. Frank Zappa sagte einmal auf die Frage, warum er seinem Sohn den entsetzlichen Vornamen Dweezil gegeben habe, dass es doch viel schlimmer sein könnte, er hätte ihn auch Ralph nennen können.*«

Harry Rowohlt: »Auf alle Fälle muss noch erwähnt werden, dass mein signiertes Foto demnächst bei Kenny's, dem schönsten Buchladen Westeuropas, an der Wand hängen wird. Ein Foto bei Kenny's zu haben ist übrigens besser als einen Hand- und Fußabdruck vor dem Chinese Theater in Hollywood. Der Zeichner TOM würde dazu sagen: From now on it will be downhill for you.«

Ralf Sotscheck: »*Ich hänge schon seit 15 Jahren bei Kenny's.*«

Harry Rowohlt: »Das wirkt aber erst in der Massierung.«

Ralf Sotscheck: »*Massierung?*«

Harry Rowohlt.: »Wenn man nämlich bedenkt, dass dies für mich erst der vorläufige Schlusspunkt einer schier nicht enden wollenden Reihe von Ehrungen ist.«

Wo sich der Ire erholt

Den ersten Urlaubstag auf Mallorca hat Paul damit verbracht, sich zu übergeben, weil er den im Vergleich zu Irland niedrigen Alkoholpreisen nicht widerstehen konnte. Seine Frau Eva und die beiden kleinen Töchter gönnten ihm das zweifelhafte Vergnügen. Santa Ponza im Süden der Insel ist von Mai bis Oktober fest in irischer Hand, und eigentlich ist es wie zu Hause: Die Kneipen heißen »The Dubliner« oder »The Irish Inn«, der Spar-Supermarkt führt dasselbe Angebot wie daheim, und der spanische Vergnügungsmanager, wie sich der Animateur nennt, spricht englisch mit breitem irischem Akzent. »Weil jeder zweite Ire Paddy heißt, sprangen immer hundert Männer auf, wenn jemand am Strand ihren Namen rief«, sagt Paul.

Zwei Wochen in der Sonne kosten in Santa Ponza umgerechnet 3000 Mark für eine Familie, und weil das für Iren die preiswerteste Urlaubsmöglichkeit mit Sonnengarantie ist, nennt man den Ort auch »Ballymun in the sun«. Ballymun ist ein Dubliner Hochhausviertel, in dem die sozialen Probleme so gravierend sind, dass man die ganze Siedlung wieder abreißt. Eva und Paul freundeten sich mit sechs lauten Damen an, die ihre Reise mit Hilfe der staatlichen Schadensersatzzahlung nach einem tragischen Knöchelbruch in einem Schlagloch Ballymuns finanziert hatten. Als Erstes kauften sie sich in Santa Ponza von ihrer Beute sechs Sombreros.

»Ganz in der Nähe von Santa Ponza wohnen die Reichen und Berühmten«, sagt Eva. »Richard Branson zum Beispiel, der englische Fluglinienbesitzer, hat eine riesige Villa, und der Schauspieler Michael Douglas baut gerade einen Ferienkomplex für die gehobene Preisklasse auf.« Die Iren sind dagegen im Carolina Park untergebracht, zwei Wohnblöcken mit hundert Apartments.

Alkohol spielt eine zentrale Rolle, wenn es um die Bewertung der Ferienreise geht: Je billiger der abendliche Rausch, desto schöner der Urlaub. Der Megakater am nächsten Morgen ist das bleibende Erlebnis, von dem man den Freunden nach der Rückkehr erzählt. Die Kneipen locken die Touristen mit Sonderangeboten und Freigetränken für Kinder, zur »Happy Hour« gibt es doppelte Getränke zum halben Preis.

Der Animateur tut ein Übriges, damit keine Kehle trocken bleibt. Ein beliebtes Spiel ist der Sangria-Wettlauf, bei dem die Teilnehmer, mit Plastiklätzchen geschützt, sich durch einen Trichter das vermeintliche Nationalgetränk in den Mund träufeln lassen, die Flüssigkeit über eine Rutschbahn transportieren und in einen Eimer spucken müssen. Derjenige siegt, dessen Behälter nach fünf Minuten am vollsten ist. Freilich verschlucken die meisten die gewinnbringenden Tropfen unterwegs.

Bei einem anderen Spiel küssen sich Männer und Frauen eine Minute auf verschiedene Körperteile, aber nur der Schiedsrichter weiß, welcher Körperteil einen

Punkt bringt. »Bei uns war es die Nase«, sagt Paul. »Schlüpfrige Spiele oder Strippereien gab es nicht, denn meistens waren die Kinder dabei.« Für die gibt es tagsüber ein eigenes Programm. Im »Kiddies Club« werden sie mit Hüten und T-Shirts ausgestattet, die Betreuerinnen gehen mit ihnen Eis essen oder zum Minigolf, abends organisieren sie eine Kinder-Disco. Das Meer war bei den beiden Töchtern dagegen weniger gefragt. »Blödes Salzwasser«, sagt Bonnie, »schmeckt eklig und brennt in den Augen.« Stattdessen vergnügten sie sich im Süßwasser-Planschbecken mit Meeresblick.

»Eine Woche nach uns kamen dreißig Mitglieder eines Dubliner Fußballvereins an«, erzählt Eva. »Einer feierte seinen 21. Geburtstag. Dabei fiel er über die

Kaimauer und brach sich den Wangenknochen. Die Ärzte mussten mit der Operation 48 Stunden warten, bis der Alkohol abgebaut war.«

Eva wurde am letzten Tag zur »Miss Carolina« gewählt. Es war kein herkömmlicher Schönheitswettbewerb, sondern eine Art Dreikampf: Sie musste so viele Männer wie möglich in 30 Sekunden küssen, dem Publikum die Hemden abschwatzen und ein Fotomodell auf dem Laufsteg nachahmen. Zur Belohnung erhielt sie einen mit Sangria gefüllten Pokal, der den gnädigen Mantel des Vergessens über den restlichen Abend breitete.

Die sechs Frauen aus Ballymun hatten sich vor dem Rückflug ihre kampftrinkerrungenen Medaillen ans Revers geheftet. »Sie werden uns in Dublin für das irische olympische Team halten«, hoffte eine der Sombreroträgerinnen. Die erste Frage, die ihnen der Zöllner auf dem Dubliner Flughafen stellte, lautete: »Na, wie war es in Santa Ponza?«

Atom im Hirn

Man muss nicht besonders gescheit sein, wenn man Politiker werden will, das ist bekannt. Dass man es aber mit hochgradiger Unfähigkeit zum Staatssekretär im Energieministerium bringt, ist ungewöhnlich, in

Irland jedoch durchaus möglich. Aufgrund der Terror-
anschläge vom 11. September 2001 in den USA hielt.
Joe Jacob es für angebracht, die irische Bevölkerung
in Hinblick auf die Gefahr einer Atomkatastrophe zu
beruhigen. Er erreichte mit seinem Radio-Interview
genau das Gegenteil.

Welche Vorsorge die Regierung denn getroffen
habe, falls die britische Plutoniumschleuder Sellafield
auf der anderen Seite der Irischen See hochgehen sollte, wollte Moderatorin Marian Finucane wissen. »Wir
werden Flugblätter verteilen«, antwortete Jacob stolz.
Allerdings würde das zwei Wochen dauern. Aber man
würde von einem Unfall sofort Wind bekommen, da
die britische Regierung in einem solchen Fall umgehend in Dublin Bescheid sagen würde. In der Vergan-
genheit habe die Londoner Regierung einen Teufel
getan und solche Unfälle systematisch verschleiert,
wandte Finucane ein. »Ja, aber jetzt gibt es bilaterale
Vereinbarungen über Frühwarnungen bei Atomkata-
strophen«, sagte Jacob. Bilateral? Irland hat doch gar
keine Atomanlagen.

»Nun sind bereits acht Minuten vergangen, seit wir
den GAU angenommen haben«, meinte Finucane,
»und Sie haben mir noch immer nicht erklärt, was ich
tun soll.« Das würde alles in dem Flugblatt stehen, antwortete Jacob ungeduldig. Ob er eventuell den Inhalt
andeuten könnte? »Natürlich«, sagte Jacob. »Die Leute
sollen zu Hause bleiben, die Fenster schließen und Jodtabletten nehmen. Wir werden Notausgabestellen ein-

richten.« Dann muss man also doch das Haus verlassen? »Aber nur kurz.« Es gibt aber gar keine Jodtabletten in Irland. 1988, nach der Katastrophe in Tschernobyl, hatten die Gesundheitsämter einen Vorrat angelegt, aber weil das Haltbarkeitsdatum längst überschritten war, hat man die Tabletten weggeworfen.

Die meisten Radiohörer vermuteten inzwischen, dass es sich bei dem Interview um Satire handelte. Viele riefen an. »Wenn dies das beste Frühwarnsystem ist, das unsere Politiker vorlegen können«, sagte einer, »dann sitzen wir in der Tinte.« Ein anderer drückte es deutlicher aus: »Die Antwort der Regierung auf einen Unfall ist, dass man seinen Kopf zwischen die Beine steckt und seinem Arsch einen Abschiedskuss gibt.«

Wenigstens in Hinblick auf einen Angriff mit biologischen Waffen wollte Jacob die Leute nun beruhigen: »Es ist höchst unwahrscheinlich«, sagte er, »dass eine kleine Atommacht wie Irland angegriffen wird.« Nach einer Pause: »Oh, Verzeihung. Ich habe wohl Atom im Hirn. Ein kleines neutrales Land, wollte ich sagen. Wir dürfen jetzt nicht in Panik verfallen.« Am Tag nach der Radiosendung waren die Gasmasken im ganzen Land ausverkauft.

Die Opposition verlangte Jacobs Rücktritt wegen erschütternder Inkompetenz. Gesundheitsminister Micheál Martin verteidigte seinen Kollegen: »Wenn jemand wegen eines Radio-Interviews zurücktreten müsste«, sagte er, »dann wären wir alle weg vom Fenster.« Schön wär's.

Feenkriege und Auffahrunfälle

Die irischen Verkehrsplaner hatten mit allem gerechnet, nur nicht mit Eddie Lenihan. Weil Irland sich jahrelang im rasanten Wirtschaftsaufschwung befand, gibt es heute doppelt so viele Autos wie Anfang der neunziger Jahre. Deshalb müssen Umgehungsstraßen her, damit die Blechlawine nicht in den kleinen Straßen der Innenstädte stecken bleibt. Newmarket-on-Fergus in der Grafschaft Clare zum Beispiel: Hundert Millionen Pfund soll die Umgehungsautobahn kosten, der Staat hatte bereits die zu asphaltierenden Wiesen aufgekauft.

Da trat Eddie Lenihan auf den Plan. Von Beruf ist er »Storyteller«, und wenn er seine Geschichten von Feen und Dämonen erzählt, zittert sein mächtiger Backenbart, der bis zu den Brustwarzen reicht. Früher war er Beamter und sollte die verschiedenen irischen Dialekte für das Folklore-Ministerium aufzeichnen. Doch schon nach kurzer Zeit fand er, dass die Geschichten, die ihm die alten Leute auf dem Land erzählten, viel interessanter waren als die Dialekte, in denen sie sprachen. Da hängte er seinen Job an den Nagel und machte sich daran, die Geschichten und Märchen für die Nachwelt zu bewahren. Und er setzt sich für die Wohnorte seiner Protagonisten ein.

In Newmarket-on-Fergus sollte ein Feenbusch der neuen Straße weichen. Lenihan protestierte: Der »Sceach«, wie er im Irischen heißt, sei der Treffpunkt für die

Feen aus Kerry im Südwesten Irlands, wenn sie auf ihrem Weg in die Provinz Connacht sind, um gegen die dortigen Feen zu kämpfen. »Unter dem Busch halten die Kerry-Feen Kriegsrat ab und besprechen ihre Taktik für den nächsten Angriff«, sagt Lenihan, und er kann es beweisen: Das Gras um den Busch herum sei regelmäßig mit dem weißen Blut der Feen bedeckt. Als ob es nicht schlimm genug wäre, dass sich die Iren im Nordosten der Grünen Insel untereinander befehden, so scheint es in der irischen Anderswelt genauso zuzugehen. Und das schon seit Jahrhunderten. Wäre es nicht Zeit für einen neuen Friedensprozess? Vielleicht machen sie den britischen Premierminister Tony Blair ja zum Erlkönig.

Der Busch sei jedenfalls ein heiliger Ort, meint Lenihan. »Und er kann nie mehr zu einem normalen Ort werden, auch wenn man den Busch abreißt.« Das wäre außerdem höchst leichtfertig: Falls der »Sceach« zerstört würde, warnte der Geschichtenerzähler, käme es mit Sicherheit zu vielen tödlichen Unfällen auf der Umgehungsstraße. »Wenn man in zehn Jahren eine Statistik aufstellte, würde man merken, dass die Zahl der Unfälle weit über dem Durchschnitt läge«, sagte er.

Das wollten die Verkehrsplaner natürlich nicht. Sie schickten ihren Architekten Tom Carey nach Newmarket-on-Fergus, um den Dornenbusch zu begutachten. Ja, sieht ganz wie ein »Sceach« aus, meinte er danach und änderte die Baupläne: Die Straße wird nun einen Bogen um den Busch machen. Bei den Planierarbeiten werde man darauf achten, dass die Bagger gebührenden Abstand halten.

Eddie Lenihan war erleichtert: »Ich bin froh, dass die Leute zu Verstand gekommen sind.« Er glaubt, dass man den Feenbusch touristisch vermarkten könne, die Zahl der Besucher in der Grafschaft Clare werde sich mit Hilfe der Feen schlagartig erhöhen. Die Zahl der Zusammenstöße vermutlich auch: Wenn die Touristen auf der Autobahn in die Bremsen steigen, um die Feen kämpfen zu sehen, werden die stattdessen am Straßenrand stehen und sich über die Auffahrunfälle amüsieren.

Die Blumen des Bösen

Nordirlands Friedensprozess war zu Ostern 2001 in Gefahr. Schuld daran war eine Blume: Die Irisch-Republikanische Armee (IRA) hatte Lilien in ihr Waffenarsenal aufgenommen. Mit Hilfe ihres politischen Flügels Sinn Féin hatte die Untergrundorganisation durchgesetzt, dass die subversive Pflanze in der Osterwoche in einen Blumenkübel im Belfaster Stormont-Parlament gepflanzt wurde – und zwar ausgerechnet neben der Statue von Edward Carson, dem Helden der probritischen Unionisten.

Die hielten die Invasion der großblättrigen Gewächse für eine hinterlistige Provokation. »Wir haben in der Vorhalle dieses Gebäudes ein Symbol des Terrors«, sagte Cedric Wilson von der kleinen Northern Ireland Unionist Party. Jim Wells von Pfarrer Ian Paisleys Democratic Unionist Party fügte hinzu: »Mit diesen Lilien soll derer gedacht werden, die sich mit ihren eigenen Bomben in die Luft gesprengt haben oder erschossen wurden, während sie terroristische Untaten begingen.«

Sinn Féin behauptete dagegen, Lilien seien das Symbol des gescheiterten Osteraufstands von 1916. Außerdem könnten die Unionisten ja orangefarbene Lilien züchten und sie am 12. Juli in Stormont pflanzen. Das ist der protestantische Nationalfeiertag, seit William of Orange 1690 seinen katholischen Widersacher und Schwiegervater James II. in der Schlacht am Boyne besiegte

und die protestantische Thronfolge in Britannien sicherte.

Diesen Rat von Sinn Féin fand Jim Wells überhaupt nicht komisch. »Zum ersten Mal in der Geschichte des Vereinigten Königreiches wird ein Regierungsgebäude benutzt, um Symbole zur Schau zu stellen, die IRA-Terroristen ehren«, sagte er und stellte einen Antrag auf eine Notstandssitzung des Parlaments, bei der die

Pflanzungsgenehmigung rückgängig gemacht werden sollte.

Die Debatte kurz vor Ostern geriet zum Tumult und musste mehrmals unterbrochen werden, als Sinn Féin die Mohnblume ins Gespräch brachte, das offizielle britische Gedenkgewächs für die Toten beider Weltkriege. Der unionistische Abgeordnete Robert Coulter fragte entsetzt: »Können wir die Lilie mit der Mohnblume gleichsetzen? Nein, nein, nein, ich kann das nicht.« Der Antrag auf Verbannung der Lilie wurde jedoch abgewiesen, weil Sinn Féin die Sache geschickt zur »Angelegenheit größter Priorität« erklärt hatte. Greift eine Partei zu diesem Mittel, dann benötigt ein Antrag die Mehrheit sowohl der protestantischen als auch der katholischen Abgeordneten. Letztere schmetterten das lilienfeindliche Begehren einstimmig ab. Die Debatte gerate immer mehr zur Farce, stellte Cedric Wilson überrascht fest.

Der zuständige Ausschuss gewährte den Blumen des Bösen aber nur eine Woche, in der die Abgeordneten ohnehin in den Osterferien waren – am darauf folgenden Samstag wurden die Lilien gepflückt. An Freiwilligen dafür mangelte es unter den unionistischen Abgeordneten nicht. Die Sicherheitskräfte sind erleichtert: Während die Terrorpflanze im Parlament blühte, mussten sie die Besucher nicht nur nach Waffen und Sprengstoff durchsuchen, sondern auch nach Unkrautvernichtungsmittel.

Wahlkampf mit Geisterbahn

Was tut man nicht alles, um wiedergewählt zu werden. Irlands Regierungspartei Fianna Fáil, die »Soldaten des Schicksals«, setzt im Vorwahlkampf eine Straßenbahn ein. »Luas«, so heißt das Transportmittel, weil es moderner klingt als »Tram«, wurde kurz vor den Wahlen der Öffentlichkeit vorgestellt: Vor dem Regierungsgebäude am Merrion Square hatte man 30 Meter Schienen verlegt und einen Waggon aus Frankreich darauf gestellt. Premierminister Bertie Ahern und seine Ministerin für öffentliche Unternehmen, Mary O'Rourke, ließen sich freudestrahlend davor ablichten.

Das ist O'Rourkes neues Hobby. Vier Monate zuvor ist derselbe Waggon bereits in London ausgestellt worden, O'Rourke war dafür in die englische Hauptstadt gereist und ließ sich neben dem schweren Gerät fotografieren. Niemand würde sich wundern, wenn sie die Bahn auf einen Tieflader schnallte und damit im ganzen Land herumkurvte – mit einem Fotografen, versteht sich. Mehr als ein fotogenes Spielzeug ist die Bahn ohnehin nicht: Da Fianna Fáil den Bau der Schienen seit drei Jahren verzögert, werden die ersten Passagiere frühestens 2005 einsteigen können. Aber nicht am Merrion Square, denn der liegt nicht an der Strecke. Die dreitägige Ausstellung kostete die Steuerzahler mehr als 30 000 Euro.

Dem Koalitionspartner, den Progressiven Demokraten (PD), hatte man von dem Werbetrick mit der

Geisterbahn nichts verraten. Sie staunten, als vor dem Regierungsgebäude plötzlich Schienen gelegt wurden. Sobald sie von den Fenstern ihrer Amtszimmer den Premierminister sahen, der die Straßenbahn feierlich enthüllte, ging ihnen das Licht auf, hinter das sie geführt worden waren. Mary Harney, PD-Chefin und stellvertretende Premierministerin, verweigert seitdem jeden Kommentar.

Ganz im Gegensatz zu den Oppositionsparteien. Es sei, als ob man der Bevölkerung Telefone schenke, aber die Leitungen erst in ferner Zukunft lege, moserte Olivia Mitchell von Fine Gael. Sie sprach von einem »Meilenstein in den Jahrbüchern politischer Kartentricks«. Emmet Stagg von der Labour Party bezeichnete die Straßenbahnshow als »verblüffendstes Fotokunststückchen in der Geschichte der irischen Politik«. Er forderte O'Rourkes Hinauswurf.

Aber Fianna Fáil ist loyal. Bei jedem neuen Projekt springen ein paar nette Jobs für die Parteigenossen heraus. Eamon Brady hat einen davon ergattert, er ist Luas-Informationsbeamter und entsprechend stolz auf seinen Schützling. »Den Leuten gefallen die hübschen Polster der neuen Straßenbahn«, sagt er. In Wirklichkeit hat die Regierung mit öffentlichem Nahverkehr wenig im Sinn. Lediglich 25 Kilometer Schienen werden in absehbarer Zukunft gebaut, aber 750 Kilometer Autobahn. Und die Straßenbahn, die Fianna Fáil dem Stimmvieh als »Lösung des 21. Jahrhunderts« für die enormen Verkehrsprobleme der irischen Hauptstadt verkaufen will, ist nicht gerade eine brandneue Idee: Vor 50 Jahren hatte Dublin ein dichtes Straßenbahnnetz, das die Vororte mit der Innenstadt verband. Es ist von Fianna Fáil Schiene um Schiene demontiert worden.

Die Fleischbrötchenpartei

Endlich hat der britische Premierminister Tony Blair seine Partei dort, wo er sie schon immer haben wollte. Old Labour, New Labour – alles passé: McLabour heißt die neue Richtung. Die Burgerkette McDonald's durfte zum 100. Labour-Parteitag in Brighton im Oktober 2001 ein Gala-Essen für 450 geladene Gäste ausrichten, an dem Blair am Vorabend seiner Parteitagsrede teilnahm. Das US-Spezialitätenrestaurant ließ sich die Sache 15 000 Pfund Sterling kosten. Die Angestellten des Konzerns, die mit grotesken Stundenlöhnen abgespeist werden, nahmen das vermutlich mit Interesse zur Kenntnis.

Die Liaison zwischen Blair und McDonald's ist ja nicht überraschend, beide verfolgen ähnliche Taktiken. Die Fleischbrötchenmonteure aus Übersee verkaufen den Völkern der Welt mit großem Werbeaufwand nährstofffreie, schnell verdauliche, aufwendig verpackte und elastische Ware. Blair macht genau dasselbe auf dem politischen Sektor. Ein McDonald's-Filmteam hielt den historischen Bund fest und vermarktete ihn im Interesse beider Seiten. Es ist nur eine Frage der Zeit: Wenn man demnächst in Manchester, Cardiff oder Glasgow einen McLabourburger vertilgt, wird der Premierminister wohlwollend von der Videowand lächeln.

McDonald's sollte nicht der einzige Konzern sein, der die Labour-Kassen füllt. Die Partei buhlte um weitere Sponsoren aus dem zwielichtigen Milieu. Es gebe mindestens 30 Gelegenheiten, den Parteitag zu sponsern, hieß es in einer Labour-Broschüre, die an die großen Firmen verteilt wurde. Eine Preisliste hatte man gleich beigefügt: »Ein positives Profil durch die Werbung am Stand des Nationalen Gesundheitsdienstes?« Das war für 5000 Pfund zu haben. Die Blumengebinde für den Parteitag durfte man schon für 3500 Pfund arrangieren. Mehr als das Doppelte musste man berappen, wenn man die Erholungszone für die Delegierten mit seinen Firmenlogos spicken wollte.

Natürlich waren nicht alle froh über Labours Anbiederung beim früheren Feind. Der Abgeordnete John McDonnell, der trotz der Vorsilbe seines Namens gegen schnelles Futter und schnelle Politik ist, sagte: »Wie tief können wir sinken? Es dreht mir den Magen um.« Es ist nicht klar, ob er sich wegen des populären Hackfleischfraßes oder wegen der verhackstückten McPopulärpolitik übergeben musste.

Bereits 1998 hatte Blair versucht, der Umwandlung von Labour in eine Supermarktpartei auch äußerlichen Ausdruck zu verleihen. Die Parteitagspässe, die sich jeder Delegierte um den Hals hängen muss, waren an einer Kette befestigt, die das Logo der Supermarktkette Somerfield trug. Die Konkurrenz von Co-op, eng mit der Labour-Bewegung verbunden, ruinierte die Pläne: An ihrem Stand konnten ewiggestrige Delegierte die Somerfield-Ketten gegen neutrale Exemplare austauschen.

Mit dem McDonald's-Hut wäre das schwieriger geworden. Ursprünglich hatte die Schnellfutterkette verlangt, dass Blair das Firmenhütchen mit dem großen »M« bei seinem Auftritt auf dem Gala-Dinner trägt, aber das lehnte der Premier ab. Warum eigentlich? Seinen Platz in der Geschichte hat sich McBlair ohnehin als der Politiker gesichert, der die ehemalige Arbeiterpartei auf eine Fast-Food-Politik getrimmt hat.

Der Trend geht zum Mietsarg

Es ist eine alte Weisheit, dass nicht mal der Tod umsonst ist. Er wird aber in Dublin künftig preiswerter. Die Erfinder des Pappsarges haben eine neue Idee: den Mietsarg. Die Dubliner Bestattungsfirma Rom Massey and Sons hatte bisher Billigsärge aus Presspappe angeboten, aber die Nachfrage war eher gering. »Es ist ein reiner Nischenmarkt«, sagt Firmensprecher

Keith Massey, »nicht mal tot will man darin gesehen werden. Höchstens 20 Kunden im Jahr machen Gebrauch davon.«

Deshalb kam ihm die Idee, Edelholzkisten zu vermieten. Solch ein Sarg aus echter irischer Eiche würde normalerweise 2500 Pfund kosten. Massey vermietet ihn für 170 Pfund. Dafür darf man ihn über Nacht behalten, wenn der Leichnam in der Kirche aufgebahrt wird. Zwar wäre es billiger, einen Rolls-Royce für einen Tag zu mieten, aber der darf nicht in die Kirche.

Und im Gegensatz zum Rolls-Royce bleiben die Särge immer neuwertig, sagt Massey, weil die Toten nicht direkt darin liegen, sondern zuvor in eine billige Holzkiste, eine Art hölzernen Schlafsack für 120 Pfund, gesteckt werden. »Wenn die Totenfeier vorbei ist und die Trauergemeinde die Kapelle verlassen hat, nehmen wir den Billigsarg heraus und verbrennen ihn mit dem Toten. Das teure Stück hingegen behalten wir und vermieten es erneut.«

Das Angebot sei die Antwort auf das Verlangen der Öffentlichkeit nach einer attraktiven, preiswerten und umweltfreundlichen Alternative im Bereich der Leichenverbrennung, jubelt Keith Massey. Diese Dienstleistung sei gar nicht so merkwürdig, wie sie klinge, fügt er hinzu: »Die meisten Leute glauben ohnehin, dass der Sarg im Krematorium nicht mitverbrannt wird.« Wird er vielleicht auch gar nicht. Wer steht schon daneben, wenn die Verwandtschaft in den Ofen geschoben wird?

Die Mietsärge werden bisher nur von einem Krematorium angenommen – Mount Jerome im Dubliner Stadtteil Harolds Cross. Durch einen glücklichen Zufall ist der Chef des Krematoriums Alan Massey, ein weiteres Mitglied des Begräbnisclans.

Rom Massey and Sons gelten als »Ryanair der Begräbnisbranche« – in Anspielung auf die Billigfluglinie, bei der der Service klein geschrieben wird. Beide Firmen legen Wert auf aggressive Werbung. Allerdings reagieren die Menschen unterschiedlich darauf. Wenn ihnen eine Broschüre einer Fluglinie ins Haus flattert, die eine billige Reise in den sonnigen Süden verspricht, ist das weniger beunruhigend, als wenn ein Begräbnisinstitut gemahnt, sich doch schon mal ein paar Gedanken über die letzte Reise zu machen.

Vielleicht können sich die beiden Unternehmen ja zusammentun. Da Ryanair an allen Ecken spart und ohne Radar fliegt, wie mir das Bodenpersonal auf dem Londoner Flughafen Luton glaubhaft versicherte, könnte die Fluggesellschaft ja Vielfliegerpunkte vergeben. Bei anderen Linien erhält man kostenlose Flüge oder Schalenkoffer, wenn man eine bestimmte Punktzahl erreicht hat. Ryanair könnte stattdessen einen Mietsarg ausloben – mit dem Slogan: »Mit jedem Ryanair-Flug kommen Sie Ihrem Sarg ein Stück näher.«

Das dramatischste Comeback
seit Lassie

Der Ire liebt das Glücksspiel. Ein Penny, der beim Pferderennen oder in der Lotterie gewonnen wurde, ist mehr wert als ein durch ehrliche Arbeit verdientes Pfund. Hunderte von Buchmachern profitieren von der Wettleidenschaft, und der Staat kann die Lottogelder gar nicht so schnell ausgeben, wie er sie einnimmt.

Außerdem liebt der Ire Quizveranstaltungen. Bei Ratesendungen im Fernsehen sitzt die Familie vorm

Bildschirm und kräht die Antworten heraus, bevor die Kandidaten überhaupt den Mund aufbekommen. Ein Quizabend im Pub, bei dem der Erlös für einen guten Zweck gespendet wird, ist eine hoch geschätzte Freizeitbeschäftigung, denn dabei lassen sich Ratespaß und Gewinnaussicht mit einem weiteren Hobby, dem Trinken, mühelos in Einklang bringen.

Die Quizshow »Wer wird Millionär?« musste in Irland ein Erfolg werden. Die Lizenz für die Sendung, die bereits in 35 Ländern läuft, gehört einem US-Unternehmen. Es ist ähnlich wie bei der beliebten Fleischbrötchenkette aus dem Land der kulinarischen Offenbarungen. Das McMillionärsquiz ist, ebenso wie auf ihre Art die Buletten, weltweit nach demselben Rezept gezimmert: Ein banaler Fragesteller stellt banale Fragen, und die Kandidaten müssen aus vier Antworten die richtige auswählen, bis sie bei der Millionenfrage angekommen sind. Während in den USA und in Großbritannien die Sendung jedoch davon lebt, dass manchmal jemand den Höchstpreis gewinnt, haben die irischen Lizenznehmer Tyrone Productions nicht die geringste Absicht, sich vom Preisgeld zu trennen.

Der irische Günter Jauch heißt Gay Byrne. Gerade erst war er mit großem Brimborium pensioniert worden, nachdem er 30 Jahre lang eine Talkshow im irischen Fernsehen präsentiert hatte. Der Altersruhestand war nur von kurzer Dauer, Byrne schaffte das dramatischste Comeback seit Lassies Rückkehr nach Hause. Zur Premierensendung waren die Straßen wie

leer gefegt, 1,3 Millionen Menschen wollten die Rent-
nerauferstehung miterleben. Das waren mehr als bei
der letzten großen Altmännershow der Illusionen: Der
Papst brachte bei seinem Dublin-Besuch 1979 nur eine
Million auf die Beine. So gut wie alle irischen Knaben,
die in jenem Jahr geboren wurden, heißen John Paul.
Wird es in diesem Jahr eine Gay-Schwemme geben?

Wohl kaum. Der Papst hatte wenigstens einen soliden
Auftritt hingelegt, Byrnes Millionenquiz ist hingegen
lächerlich. Der Ex-Ruheständler schockte Rachel Brennan, die Premierenkandidatin, gleich mit der ersten
Frage: »Welche Erntefrucht ist auf irischen Feldern
am weitesten verbreitet?« Kartoffeln, meinte Brennan.
Falsch, triumphierte Gay Byrne: »Die richtige Antwort
lautet: Gras.« Gras eine Erntefrucht? Wenn man es
raucht vielleicht. Brennan war durch eine Scherzfrage
ausgetrickst worden. Die zweite Frage gab ihr den Rest.
Sie war so formuliert, als wäre sie einem Zollbeamten-
quizbuch entnommen.

Bisher gab es keinen einzigen Hauptgewinner, im
Durchschnitt mussten gerade mal 25 000 Pfund ausge-
zahlt werden. Nach 13 Sendungen, die vorerst geplant
sind, wird nur Gay Byrne Millionär sein.

Dieser Fremde ist nicht von hier

Ich hatte mich mit Dirk in O'Lochlainn's verabredet, einer gemütlichen Kneipe in Ballyvaughan an der irischen Westküste. Er versetzte mich, weil er zuvor noch eine Lieferung Ökowein, mit dem er handelt, aus einem Nachbardorf abgeholt hatte, auf dem Nachhauseweg jedoch mit dem Lieferwagen und der kostbaren Ladung in einen Graben stürzte und erst nach Stunden unversehrt herausgezogen wurde.

Es wurde dennoch ein unterhaltsamer Abend, weil ich den Gesprächen der anderen Gäste zuhörte. Der Ire an sich ist ein geschwätziges Volk, doch manchmal geht das nach hinten los. Das freundliche »Howya«, das der alte George dem jungen Fremden zurief, interpretierte der als »How are you«, was es aber nur theoretisch bedeutet und keinesfalls eine detaillierte Krankengeschichte der letzten sechs Monate erfordert.

Am Akzent merkte George, dass der junge Mann, der sich als Paul vorgestellt hatte, kein Einheimischer war. Er fragte ihn: »Wo kommst du her?« Paul antwortete: »Aus Bradford.« George: »Ah, du bist Bradforder?« Paul: »Nein, meine Eltern zogen nach Manchester, als ich sechs Monate alt war.« George: »So, wo denn in Manchester? Ich habe dort drei Jahre gelebt.« Paul wusste es nicht, weil seine Eltern nach Brighton zogen, als er ein Jahr alt war. Mit anderthalb verschleppten sie ihn nach London, ein halbes Jahr später ging es nach Leeds. Arbeiteten die Eltern etwa bei einem

Wanderzirkus? George raufte sich die Haare. Wenn Paul, den er auf Anfang 20 schätzte, in Halbjahresschritten umgezogen war, würde es eine lange und langweilige Nacht werden.

Um die Sache abzukürzen, fragte George ihn, wo er jetzt sei. Eine zu nachlässig formulierte Frage, wie sich herausstellte, denn Paul antwortete zwar wahrheitsgetreu, aber nicht dem Sinn der Frage entsprechend: »In O'Lochlainn's in Ballyvaughan.« George weinte ein wenig in sein Bier, sagte dann zu Paul: »Ach was, so ein Zufall, da bin ich auch gerade. Vielleicht laufen wir uns ja über den Weg.« Und zu mir gewandt asterixte er: »Ich habe nichts gegen Fremde, aber dieser Fremde ist nicht von hier.«

Der Schweinepriester
und das Babe

Der Rinderwahn BSE ist, so vermutet man, durch verseuchtes Tiermehl ausgelöst worden. Das wissen auch die irischen Bauern. Der Staatssekretär für Landwirtschaft und Lebensmittel, Ned O'Keeffe, sagte bei seinem Amtsantritt 1998: »Der Bauer ist sich jeden Tag mehr der Erfordernisse für Sicherheit und Qualität seiner Produkte bewusst.« Für ihn selbst gilt das offenbar nicht.

O'Keeffe ist einer der größten Schweinezüchter auf der Grünen Insel. Seine Farm produziert rund 50 000 Schweinchen im Jahr. Und Sojamehl ist teuer, viel teurer als Tiermehl. Nun gibt es Ausnahmegenehmigungen für manche Höfe, die nach wie vor Tiermehl verwenden dürfen. Sie gelten für 17 von 750 Schweinezüchtern. Die Genehmigungen werden von O'Keeffe erteilt, und wie es der Zufall will, gehört seine eigene Farm dazu. So spart er 150 000 Pfund im Jahr. In einem morgendlichen Radio-Interview wurde er gefragt: »Als Staatssekretär haben Sie also kein Problem mit Schweinen, die Schweine fressen?« Spätestens in diesem Moment ließ die Nation ihr traditionelles Frühstück aus Speck und Würstchen in den Mülleimer wandern.

Illegal sind die Aktivitäten des Staatssekretärs freilich nicht. O'Keeffe erklärte, dass sein Hof entgegen den Behauptungen seiner Feinde nicht an einem Programm zur freiwilligen Qualitätskontrolle teilnehme. Schließlich habe sich die auf strenge Qualität achtende Firma Galtee Meats geweigert, Schweinefleisch von seinem Hof zu kaufen, sagte O'Keeffe ebenso stolz wie töricht. Darüber hinaus wisse er gar nicht so genau, was auf seinem Hof täglich vor sich gehe. Er sei zwar Eigentümer, aber über das Tagesgeschäft sei er nicht informiert, das machen andere. Sein Sohn Pat zum Beispiel, der seinem Vater anscheinend nicht viel erzählt.

Einen Interessenkonflikt konnte O'Keeffe bei sich nicht erkennen. Er stimmte im Parlament gegen einen Antrag der Labour Party, Tiermehl generell zu verbieten. Es war nicht das erste Mal, dass der Schweine-priester die Volksvertretung für seinen eigenen Vorteil missbraucht hat, was in Irland ohnehin Tradition hat. Als der Film »Babe« 1995 in die Kinos kam, forderte O'Keeffe ein sofortiges Verbot, weil das niedliche sprechende Schweinchen Kindern den Verzehr von Schweinefleisch verleiden könnte.

Seitdem trägt O'Keeffe den Spitznamen »Babe«. Das irische Fernsehen RTE, mit dessen Reporterin Una Claffey sich O'Keeffe einmal eine handfeste Auseinan-dersetzung in der Parlamentskantine geliefert hatte, ist offenbar rachsüchtig: Zu Weihnachten setzte der Sen-der ausgerechnet »Babe« aufs Programm.

Ein Gedicht in Gras

US-amerikanische Unternehmen achten streng darauf, dass ihre Namen urheberrechtlich geschützt sind. Das hat McDonald's bewiesen, als es eine schottische Wirtin vor Gericht zerrte, weil sie ihr Restaurant »McMunch« genannt hatte. Die Vorsilbe »Mc« gehöre nun mal den Fleischbrötchenbratern, den könne sich eine Schottin nicht einfach unter den Nagel reißen.

Renvyle House, ein altes Hotel in Connemara im Westen Irlands, hat mit einer anderen US-Firma Bekanntschaft gemacht – mit Pebble Beach, dem kalifornischen Golfzentrum, wo Tiger Woods die US Open gewonnen hat. Auch im Renvyle House gibt es einen kleinen Golfplatz, um die Gäste bei Laune zu halten. Er hat nur neun Löcher, aber er heißt ebenfalls Pebble Beach. Deshalb haben die Anwälte des US-Golfzentrums den Iren angeraten, den Namen sofort zu ändern. Sie haben die Chefs von Renvyle für ein Gespräch nach London zitiert.

Zu den Eigentümern des kalifornischen Pebble Beach gehört der Westernheld und Möchtegern-Politiker Clint Eastwood – ausgerechnet Eastwood, der in seiner Rolle als Mann ohne Namen berühmt geworden ist. Ronnie Counihan, der Renvyle-Geschäftsführer, sagt: »Ich kann die Amis ja verstehen. Aber wir sind, glaube ich, keine ernsthafte Gefahr für sie. Wir haben doch nur einen Freizeitgolfplatz.« Den gab es aber schon zu Zeiten des früheren Besitzers Oliver St. John Gogarty, einem Schriftsteller und engen Freund von James Joyce.

Und der Küstenstreifen habe schon »An Duirling« geheißen, bevor Amerika entdeckt wurde, argumentieren die Leute von Renvyle: An Duirling bedeute »Kieselstrand«, also Pebble Beach. Ganz so dumm, wie man in Irland annimmt, sind die Amis aber doch nicht. Die Anwälte von Pebble Beach zogen einen Experten für die irische Sprache zu Rate und fanden heraus, dass An Duirling in Wirklichkeit ein »Steinstrand« ist. Zwischen Kieseln und Steinen bestehe ein erheblicher Unterschied, finden sie.

Außerdem gehören zu den Stammgästen in Kalifornien die Golfasse Nicklaus, Watson und Woods, betonten die Anwälte in ihrem Brief. Befürchten sie, dass die berühmten Golfer durch die Namensgleichheit in die Irre geführt und nicht nur auf dem falschen Kontinent, sondern auch auf einem Neun-Loch-Platz landen würden, ohne es zu merken? Renvyle House schrieb zurück, dass man ebenfalls prominente Gäste aufbieten könne: Der Literaturnobelpreisträger William Butler Yeats verbrachte seine Flitterwochen dort, und der Kriegspremier Winston Churchill war sogar Stammgast.

Oliver St. John Gogarty schrieb über Renvyle: »Es ist, als ob in diesem Feenland von Connemara, am letzten Ende Europas, das Unerwartete endlich zusammenfließt und das Süße und das Bittere sich vermischen.« Mit Dichtern kann Pebble Beach in den USA allerdings auch aufwarten. Auf ihrer Website beschreiben sie den Golfplatz als »Parenthese von Fels und Ozean«, er sei »eines Golf-Fotografen Version von einem Supermodel«. Vor allem das 18. Loch sei »ein Gedicht in Gras«. Der irische Journalist Frank McNally vermutet, dass der Verfasser der Zeilen dieses Gras vorher geraucht habe.

Blaulichtflotte mit Stickstoff

Polizeiautos sind viel unterwegs. Deshalb benötigen sie manchmal neue Reifen. Die irische Polizei hat einen Vertrag mit der Firma Advance Pitstop geschlossen, die den polizeilichen Fuhrpark in Schuss halten soll. Die Firma leistet ganze Arbeit. Einem Wagen, der 120 000 Kilometer gefahren war, hat Pitstop 30 Mal neue Reifen verpasst – also alle 4000 Kilometer ein neuer Satz. Zwar ist der Asphalt in Irland rau und die Straßen sind voller Schlaglöcher, doch um die Reifen in so kurzer Zeit zu ruinieren, hätten die Beamten pausenlos querfeldein fahren müssen.

In Wirklichkeit scheinen sie sich jedoch nur auf der Autobahn fortzubewegen, wenn man Pitstops Akten glauben darf: Bei einem Wagen wechselten sie ständig die Reifen, weil er 142 000 Kilometer gefahren war – in 30 Tagen. Das sind täglich rund 4750 Kilometer, also 20 Mal quer durch die Insel. Um das zu schaffen, hätten die Polizisten im Durchschnitt knapp 200 Kilometer in der Stunde fahren müssen, und zwar rund um die Uhr und ohne Kaffeepause.

Weil die Fahrzeuge der Garda Síochána – die Polizisten heißen in Irland »Friedenswächter« – etwas Besonderes sind, füllte Pitstop die Reifen nicht mit ordinärer irischer Luft, sondern mit Stickstoff. Das kostet umgerechnet drei Mark pro Reifen, selbst bei Phantomautos. Pitstop stellte der Polizei komplette Reifensätze für 433 Autos aus, die gar nicht existieren.

Obendrein kassierte die Firma 25 Prozent mehr, als sie bei der Ausschreibung veranschlagt hatte. Mit ihrem scheinbar günstigen Angebot hatte Pitstop sechs Konkurrenten ausgestochen.

Nicht nur die Reifen sind in Irland besonderem Verschleiß ausgesetzt, sondern offenbar auch die Ventile: Pitstop rüstete die Polizeiwagen innerhalb von zwei Jahren mit Ventilen für umgerechnet 130 000 Mark aus.

Sind die für den Fuhrpark zuständigen Beamten etwa dümmer, als die Polizei erlaubt? Haben sie nicht bemerkt, dass sie kräftig übers Ohr gehauen wurden? Eigentlich sollte ein Computer die Kosten für die Blaulichtflotte erfassen und auswerten. Die Polizei hatte im Februar 1998 einen modernen Rechner für 120 000 Mark gekauft. Drei Jahre später war das System noch immer nicht betriebsbereit. Als jedoch im Frühjahr die ersten Gerüchte über das besondere Verhältnis zwischen Polizei und Pitstop aufkamen, begann das Elektronenhirn plötzlich zu funktionieren.

Wodurch der Computer drei Jahre lang lahm gelegt war, weiß man nicht genau. Es werden doch nicht die Polizisten selbst gewesen sein? Fest steht, dass hochrangige Beamte, die für das Management des Fuhrparks zuständig sind, auf Kosten von Pitstop in Spanien, Italien und Portugal Urlaub machten. Wer sich für Fußball interessierte, und welcher Ire tut das nicht, durfte manchmal für ein Wochenende nach England zu Fußballspielen der Premier League fliegen. Die Kosten für die großzügige Kundenbetreuung holte die Firma allemal wieder herein: In einem internen Untersuchungsbericht stellte der Kontrollbeamte überrascht fest, dass Pitstop der Polizei innerhalb von zwei Jahren mehr als eine halbe Million Mark zu viel abgeknöpft hatte.

Der alte Jack
und sein deutscher Tabak

Fast sein ganzes Leben lang ist der alte Jack mit seiner Frau Annie abends in die Dorfkneipe gegangen, und nie hat er Scherereien bekommen. Einmal, es ist schon ein paar Jahre her, kam die Polizei, weil der Wirt die Sperrstunde wieder mal ignoriert hatte. Normalerweise stürzen Gäste ihre Getränke dann so schnell wie möglich hinunter und machen sich aus dem Staub.

An jenem Abend jedoch tranken alle seelenruhig weiter und ignorierten die Ordnungshüter. »Es war wie im Film ›High Noon‹«, erzählt Jack. »Die Polizisten starrten uns an, und wir starrten die Polizisten an. Vielleicht lag es am Vollmond.« Nach einer Weile gaben die Beamten auf und verließen den Pub. Der Wirt gab eine Lokalrunde. Als die Gäste später nach Hause wollten, bekamen sie einen Schreck: Vor der Tür parkte das Polizeiauto. Die Leute waren in der Kneipe gefangen. Es gibt Schlimmeres. Der Wirt gab vorsichtshalber noch

eine Lokalrunde, und man beobachtete die Polizisten durch das Fenster. Anderthalb Stunden später hatten sie die Nase voll und fuhren davon. Die Spättrinker sprachen schnell noch ein Gebet für diejenigen, die in dieselbe Richtung wie der Polizeiwagen mussten, dann stiegen sie in ihre Autos. »Niemand ist in dieser Nacht verhaftet worden«, sagt Jack.

Nun hat es ihn aber doch erwischt. »Schuld daran sind die Deutschen«, sagt er. Jack ist in der Grafschaft Roscommon in der Mitte Irlands geboren. Jetzt ist er 83 und lebt noch immer in seinem Geburtshaus, das er von den Eltern geerbt hat. Weil in Roscommon nichts los ist, will niemand dort hinziehen. So sind Baugrundstücke und Agrarland noch relativ günstig zu haben. »Vor sechs Jahren zogen die ersten Deutschen ins Dorf«, erzählt Jack. »Sie kauften ein altes Cottage mit ein bisschen Land, wo sie Gemüse anbauten.« Hans, einer der Deutschen, ging mangels Alternativen abends auch immer in die Dorfkneipe.

Eines Abends kamen Jack und Annie mit ihm ins Gespräch. Jack wunderte sich, dass Hans so große Zigaretten rauchte, die merkwürdig rochen. Hans rollte eine Zigarette für Jack. Dem gefiel das, und von da ab bekam er jeden Abend eine.

Vor kurzem tauchte die Polizei wieder im Wirtshaus auf, weil die Zapfhähne trotz Sperrstunde noch sprudelten. Hans war kurz zuvor nach Hause gegangen und hatte Jack zum Abschied die gewohnte Zigarette dagelassen. Jack nuckelte genüsslich daran, als der Polizeibeamte zu ihm sagte: »Mensch, Jack, und das in deinem Alter. Ich verhafte dich wegen Gebrauchs illegaler Drogen.« Jack glaubte zunächst, der Polizist spreche von seinem Glas Guinness, das nach der Sperrstunde ausgeschenkt worden war, doch der Uniformierte deutete auf die Zigarette: »Cannabis. Ist in Irland verboten. Strafverschärfend kommt hinzu, dass du das Zeug dreist in aller Öffentlichkeit rauchst.« Hans baute offenbar nicht nur Gemüse an.

Nun stand Jack vor Gericht. Er wurde freigesprochen, obwohl er zugab, seit Jahren jeden Abend einen Joint zu rauchen. Der Richter glaubte ihm, als Jack schwor, er habe das Zeug für eine Art deutschen Tabak gehalten.

Eine nebulöse Flugreise
mit dem Bus

In London ist es manchmal neblig, das weiß jedes Kind. Warum aber haben die Maschinen einer Fluggesellschaft, die täglich mehrmals die englische Hauptstadt anfliegt, keinen Radar? Weil es sich um Ryanair handelt, die Billigfluglinie, bei der es weder Tickets noch Sitzplatzreservierung oder gar kostenlose Verpflegung an Bord gibt. Und eben kein Radargerät. So ist man im Nebel aufgeschmissen.

Neulich auf dem Flughafen Luton etwas nördlich von London mussten die hoffnungsvollen Passagiere zu ihrer Verblüffung erleben, wie ein Flugzeug nach dem anderen landete, während die Ryanair-Maschine, die sie nach Dublin bringen sollte, hilflos über dem Flughafen kreiste. »Wir haben Nachricht von unserem Piloten«, verkündete das Bodenpersonal. »Er will noch einmal versuchen, zu landen.« Natürlich schlug auch dieser Versuch fehl. Man erklärte uns, der Pilot habe sich für den weniger nebligen Flughafen Stansted entschieden, wir müssten ihm folgen. Mit dem Bus.

Zunächst musste sich jeder sein Gepäck aus einem Berg von Koffern zusammensuchen, was für viel Heiterkeit sorgte. Dann kam eine Ansage: Der nächste Ryanair-Flug nach Dublin sei nun zum Einchecken an den Schaltern 18 und 19 bereit. Vielleicht waren ja noch ein paar Plätze frei, so dass man nicht nach Stansted musste? »Der Flug ist auch nach Stansted umgeleitet«, behauptete die Ryanair-Angestellte. Warum dann die Ansage? »Damit wir den Leuten erklären können, dass ihr Flug nach Stansted umgeleitet ist.«

Es dauerte zwei Stunden, bis Ryanair ein Transportmittel aufgetrieben hatte. Man schickte uns zu einem Bus der Firma Dunne, in dem bereits einige Leute saßen. Wie lange die Fahrt nach Birmingham wohl dauern werde, erkundigte sich meine Sitznachbarin. Birmingham? »Wir wollen nach Inverness«, sagte sie. »Unser Flug ist nach Birmingham umgeleitet.« Dem Busfahrer war die Laune verdorben, als er das Gepäck der Dublin-Reisenden im Kofferraum wieder aussortieren musste.

Meine Tasche stellte er auf einen Schneepflug. Es kam, wie es laut Murphys Gesetz kommen musste: Ich merkte zu spät, dass der Schneepflug samt meiner Tasche in Richtung Startbahn verschwunden war. Es kostete viel Überredungskraft, ein Auto hinterherzuschicken.

Am Ende kam doch noch ein Bus. Neben mir saß ausgerechnet ein Flugzeugfanatiker. Er zählte alle Flugzeugtypen auf, mit denen er schon geflogen war. »Einmal durfte ich sogar im ungeheizten Laderaum eines Frachtflugzeuges mitfliegen«, erklärte er mir stolz. Ob er auch schon mal auf einer Tragfläche geflogen sei, wollte ich wissen. Nein? Das könne er haben. Falls er das Wort »Flugzeug« noch einmal ausspreche, würde ich ihn an den Flügel der Ryanair-Maschine schnallen.

Nachdem man die Fluggäste genügend ausgehungert hatte, konnte Ryanair sie auf dem Rückflug anständig melken: Ein Keks kostete umgerechnet zwei Mark, ein Tässchen Tee fünf Mark und ein Glas Wein zehn Mark. Auf die schüchterne Frage einer Passagierin, ob aufgrund der besonderen Umstände nicht ein Freigetränk angemessen wäre, kicherte die Stewardess und sagte: »Das hier ist Ryanair.«

Je stärker die Währung, desto mehr Heuschrecken

Dem jungen Mann geht es nicht gut. Er kniet auf dem Gehweg vor der Kneipe in Dublins Temple-Bar-Bezirk und übergibt sich ständig. Sein Kopf ist mit Rasierschaum und Konfetti bedeckt, seine Hände sind mit Handschellen aus gelbem Plastik gefesselt. Dennoch umklammert er mit beiden Händen ein Glas Whiskey, dessen zahlreiche Vorgänger ihn offenbar in diesen erbärmlichen Zustand versetzt haben. Um ihn herum stehen sieben Freunde und erkundigen sich besorgt nach seinem Wohlbefinden: »Alles in Ordnung, Kumpel?« Aha, Engländer. Der Akzent ist auch in gelallter Form unverkennbar.

Es ist eine jener »stag parties«, wie der Abschied vom Junggesellenleben anschaulich genannt wird. Der künf-

tige Bräutigam und seine Freunde haben dabei nur ein Ziel vor Augen: so viel Alkohol zu trinken, bis sie überlaufen. Der junge Mann mit den Plastikhandschellen hat sein Ziel bereits erreicht, die anderen sieben sind auch nicht mehr allzu weit davon entfernt. Die Iren sind Invasionen von der Nachbarinsel gewöhnt. Keine davon war friedlicher Natur. Die »Hirschfeiern« sind es auch nicht. Seit sich herumgesprochen hat, dass die irische Hauptstadt längst nicht mehr das verschlafene Nest früherer Zeiten ist, sondern über ein hektisches Nachtleben verfügt, fallen an den Wochenenden immer mehr Gruppen junger Engländer wie Heuschrecken über Dublin her. Je stärker die Sterling-Währung, desto mehr Heuschrecken. Dublin ist inzwischen das beliebteste Kurzreiseziel in Europa. Die meisten Pubs und Nachtklubs in der Innenstadt haben »Bouncer« eingestellt. Offiziell heißen sie »crowd control engineers«, Techniker für Massenkontrolle.

Sie sind korrekt mit Anzug und Fliege gekleidet und unerbittlich, wenn sie eine stag party herannahen sehen. So schleichen sich die jungen Männer einzeln in die Pubs, um die Türdrachen zu überlisten. In den Hotels sind sie ebenfalls nicht gern gesehen. Kein Wunder: Einmal wollte eine solche Gruppe nach der Sperrstunde im Hotelzimmer weiterfeiern. Weil die Zimmer dafür zu klein waren, rissen die Barbaren kurzerhand die – zugegebenermaßen nicht sehr stabilen – Trennwände ein und verwandelten die Einzelzimmer in einen großen Schlafsaal. Da ihnen beim Feiern das Mobiliar im Weg war, lagerten sie es in den Hof aus, und zwar auf dem kürzesten Weg: durch das Fenster im zweiten Stock. Seitdem fragt man bei telefonischen Reservierungen aus England nach Alter und Ehestand, wenn mehr als zwei Zimmer gebucht werden.

»Hen parties« sind dagegen willkommen. Zwar geht

es bei dem weiblichen Pendant zur stag party ebenfalls ums Trinken bis zum Abwinken, aber wenigstens sind Hühnchen friedlicher als Hirsche. Und sie sind besser organisiert, manch Wochenendplan sieht aus wie eine militärische Operation. Sie beinhaltet am Nachmittag das unvermeidliche Abenteuerspiel, bei dem es unter anderem darum geht, einen Polizisten zu küssen. Englischer Humor ist mitunter unergründlich. Die meisten Teilnehmerinnen kehren jedenfalls zufrieden nach England zurück, ohne sich an irgendwelche Einzelheiten ihrer Reise zu erinnern. Dublin ist vermutlich nicht nur die meistbesuchte Stadt Europas, sondern auch die unbekannteste.

Die Tränen der Autofahrer

Die Zeiten, in denen sich betagte Autos in erbarmungswürdigem Zustand über Irlands Straßen schleppten, sind endgültig vorbei. Seit 1. Januar 2000 gibt es auf der Grünen Insel einen TÜV. Anfangs mussten sich nur die ältesten Kisten untersuchen lassen, inzwischen sind sämtliche Fahrzeuge aus dem vorigen Jahrtausend fällig. Als der TÜV eingeführt wurde, verließen sich alle darauf, dass die Gutachter nur prüfen würden, ob alle vier Reifen vorhanden waren und wenigstens ein Licht noch funktionierte. Das war ein Irrtum. In den ersten Monaten fiel die Hälfte aller Autos durch. Mein zehn Jahre altes Auto ist nun auch dran, Tag und Uhrzeit für die technische Untersuchung sind genau festgelegt. Man solle lieber zehn Minuten früher kommen, heißt es im Merkblatt, denn wer zu spät kommt, muss 21,84 Euro Strafe zahlen. Außerdem enthält das Blatt eine Reihe von Vorschriften für die korrekte Vorbereitung auf den TÜV. Die Radkappen müssen abmontiert werden, der Kofferraum und die Sitze müssen frei von irgendwelchen Gegenständen sein. Punkt sechs: »Die Sicherheitsgurte müssen sichtbar sein.« Ja, gibt es denn auch unsichtbare?

Der letzte Punkt: »Das Kraftfahrzeug muss sauber sein.« Das wird ein Problem, gewaschen wurde der Wagen das letzte Mal vor sechs Jahren vom Vorbesitzer. Ob er das übersteht? Ich fahre in letzter Sekunde zur Waschanlage, damit ich dem Inspektor ein frisch gewaschenes und geföntes Auto präsentieren kann. Auf dem Weg zum TÜV meide ich Pfützen und Baustellen, am liebsten würde ich einen Schirm über dem Wagen aufspannen. Das Prüfgelände liegt am Stadtrand, die Zufahrt ist eine Sandstraße, die aufgrund des miserablen Wetters verschlammt ist. Jetzt bloß langsam fahren.

Ich habe den sicheren Parkplatz fast erreicht, als mir ein Toyota-Fahrer mit Karacho entgegenkommt, durch die Pfütze rast und die gesamte rechte Seite meines Kleinwagens einsaut. Okay, das gibt Minuspunkte. Wenigstens habe ich morgens noch geduscht, um einen ordentlichen Eindruck zu machen. Ich wische mit meinem Taschentuch den Außenspiegel ab, reiche dem Herrn über die begehrte Plakette den Schlüssel und füge mich in mein Schicksal. Im Warteraum steht ein Kaffeeautomat. Ein Whiskey wäre mir jetzt lieber. Durch die großen Fenster an der Seite des Raumes blickt man in die Halle, wo die Autos in die Mangel genommen werden. Ein Angestellter putzt die Fensterscheiben mit einem Ledertuch. »Ich muss ständig die Tränen der Autobesitzer abwischen«, sagt er. Eine junge Frau, die es mit ihrem Renault bereits zum vierten Mal versucht, findet das nicht lustig.

Der Gutachter testet die Bremsen an meinem Auto. Warum schlägt er die Hände über dem Kopf zusammen? Nach einer Dreiviertelstunde ruft er mich in einen Nebenraum.

»Okay«, sage ich, »bringen Sie es mir schonend bei.« Kein Grund zur Beunruhigung, behauptet er, der Wagen sei in passablem Zustand. Und warum bin ich dann durchgefallen? »Sie sind nicht durchgefallen«, sagt er, »aber nächstes Mal waschen Sie den Wagen bitte vorher.«

Schnaps und Schnee

Was dem einen sein Schnee, ist dem anderen sein Schnaps. Die Isländer kennen viele Worte für Schnee, die Irländer kennen noch mehr für ihren Lieblingszustand: jarred, plastered, pissed, poleaxed, well on it, merry, mouldy und viele andere. Sie alle beschreiben euphemistisch unterschiedliche Grade des Betrunkenseins, und um in diese Verfassung zu geraten, nehmen die Iren einiges in Kauf.

Am Karfreitag zum Beispiel. Das ist neben Weihnachten der einzige Tag im Jahr, an dem die Kneipen geschlossen sind. Ausnahmen gibt es lediglich für Reisende, denen gegen Vorlage einer Fahrkarte in der Bahnhofswirtschaft Getränke serviert werden. So macht die irische Bahn an dem Tag einen hübschen Umsatz, ohne dass sie eine Gegenleistung erbringen muss, denn die Trinker fahren ins Delirium und sonst nirgendwohin.

Die Kopfschmerzen wegen der täglichen Gelage hat jedoch die Regierung, denn die irische Zuneigung zum Alkohol ist keineswegs ein Klischee, sondern statistisch zu belegen. Während in den anderen Ländern der EU der Alkoholkonsum in den vergangenen zehn Jahren zurückgegangen ist, hat er in Irland um 41 Prozent zugenommen. Irlands Minderjährige liegen in der Trinktabelle ebenfalls vorne: Ein Viertel der 15- bis 16-Jährigen ist mindestens dreimal im Monat knülle. Die Sauferei hat in den Städten zu einem erheblichen Anstieg der Gewalt geführt.

Am Wochenende kommt es regelmäßig zu Keilereien, die Fernsehübertragung der Zusammenschnitte aus den Überwachungskameras stellt jeden »Rambo«-Film in den Schatten. Möglicherweise hat deshalb der Staatsfunk RTE die neue Initiative der Regierung gesponsert. Demnächst sollen die Zentren von 17 Städten lückenlos mit Kameras überwacht werden. Die Geräte kosten acht Millionen Euro, hinzu kommt eine Million jeden Monat für Personalkosten. Aber das wird sich lohnen, kann man mit dem Bildmaterial doch Familienserien gestalten: Für jeden Nachbarn, den man bei der Fernsehschlägerei identifiziert, gibt es 100 Euro, die zünftigste Prügelei wird von der Getränkeindustrie mit Freibier belohnt.

Der Verbandsvorsitzende der Getränkeindustrie, Pat Barry, will das nicht: »Wir mögen öffentliche Trunkenheit nicht. Das nützt niemandem.« Aber Alkoholwerbung im Fernsehen will er auch nicht verbieten lassen: »Dann würde man Alkohol ja mit Zigaretten auf eine Stufe stellen.« Die Alkoholindustrie hat ein Ausbildungsprogramm ins Leben gerufen, bei dem Barleuten »die korrekte Vorgehensweise« beigebracht wird, wie sie Volltrunkenen das nächste Getränk verweigern. Wie wäre es mit »nein«?

Die nationale Alkoholpolitikberaterin namens Dr. Ann Hope hält von der ganzen Alkoholerziehung nichts. Sie sei nicht effektiv, meint Doktor Hoffnung, das Einzige, was wirke, sei Prohibition. Das hört man in Sellafield auf der anderen Seite der Irischen See gern. Die britische Atomanlage beschwert sich regelmäßig über Umweltverschmutzung, wenn an den Wochenenden das Erbrochene aus Dublins minderjährigen Mägen ans britische Ufer gespült wird.

Kampf den Schoßtänzerinnen

Man befürchtete schon, er habe resigniert. Doch jetzt hat sich Ian Paisley wieder zu Wort gemeldet. Der ultrarechte nordirische Presbyterianer-Pfarrer hat zu einem neuen Kreuzzug aufgerufen. Diesmal geht es gegen Lap Dance Clubs, jene schummrigen Etablissements, in denen Frauen auf langen Tischen herumhüpfen und sich dabei entkleiden. Ganz in der Nähe des Belfaster Europa-Hotels, auf das in den vergangenen 30 Jahren mehr als 40 Bombenanschläge verübt worden sind, soll demnächst »Le Chic Nightclub« eröffnen.

Besitzer Jerome Brennan, der einen ähnlichen Club in der südirischen Grenzstadt Dundalk betreibt, verspricht sich ein großartiges Geschäft. »Wir haben Platz für 600 Leute auf drei Stockwerken«, sagte er. »Es gibt einen Markt für einen solchen Club, weil so viele Jungs aus Nordirland zu uns nach Dundalk pilgern.« Paisley und seine Anhänger haben angekündigt, den Schoßtänzerinnen, die vor allem aus Russland und dem Baltikum stammen, einen heißen Empfang zu be-

reiten. »Wir in Nordirland sind puritanisch und wollen so etwas nicht in unserer Provinz«, so der polternde Dogmatiker.

1971 spaltete Paisley die alte unionistische Einheitspartei, weil sie ihm zu lasch war, und gründete die Democratic Unionist Party (DUP) sowie seine eigene Kirche, die Free Presbyterian Church, die heute 18 000 Mitglieder hat. Die sind nun eifrig dabei, Demonstrationen vor dem Le Chic Nightclub zu organisieren, sobald er seine Pforten öffnet.

Es ärgert Paisley besonders, dass Brennan ein ganzes Stockwerk für Schwule und Lesben reservieren will, hatte der Pfarrer doch in den sechziger Jahren eine erbitterte Kampagne geführt, die den Schlachtruf hatte: »Save Ulster from Sodomy!« Ulster ist bei den Protestanten ein Synonym für Nordirland, obwohl drei der neun dazugehörigen Grafschaften in der Republik liegen, und »sodomy« ist auf Deutsch Homosexualität. Es war ein vergeblicher Kampf, zu Paisleys Entsetzen wurde Nordirland vom EU-Gerichtshof für Menschenrechte dazu verurteilt, Homosexualität zu legalisieren.

Mit anderen Kampagnen hatte der Pfarrer ebenso wenig Glück: Als der erste Sexladen in Belfast eröffnete, fuhren Paisley und seine Leute tagelang davor auf und ab und hupten, was das Zeug hielt. Den Laden gibt es immer noch, die Hupen sind verstummt. Noch erfolgloser war Paisleys Kampf gegen den Alkohol. Als vor Jahren die nordirischen Kneipen endlich auch am Tag des Herrn öffnen durften, stand Paisley sonntags mit einem Transparent vor dem Pub und prophezeite den teuflischen Trinkern Höllenqualen. Und er meinte nicht den Kater am nächsten Morgen.

Paisley ist komischerweise beliebt, die Leute wählen ihn regelmäßig ins nordirische, britische und europäische Parlament. Inzwischen ist er weit über 70, aber sein Hass auf den Katholizismus ist ungebrochen. Einmal hat man ihn aus dem Europaparlament geworfen, weil er den Papst, der dort eine Ansprache hielt, lauthals als Antichristen beschimpfte. Und nun hat ihm der Teufel katholische Schoßtänzerinnen geschickt. Gnade ihnen Gott.

Eine Frau bleibt eine Frau

Echte Männer gelten in Irland noch etwas. Unechte haben dagegen nichts zu lachen. Nicholas Krivenko ist Russe. Für die irischen Behörden ist er jedoch eine Russin, denn bis vor vier Jahren war er eine Frau. Dann ließ er eine Geschlechtsumwandlung vornehmen und heiratete seine deutsche Freundin Sybille Hintze auf dem Standesamt im westirischen Limerick. Kennen gelernt hatten sie sich 1993. Damals hieß Nicholas noch Nadja und exportierte irische Butter nach Russland. Aber schon Nadja sei »ziemlich maskulin« gewesen, sagt Sybille Hintze.

Da er nun mit einer Bürgerin der Europäischen Union verheiratet war, nahm Krivenko an, dass ihm ein unbeschränktes Aufenthaltsrecht in allen EU- Ländern zustand. Nicht jedoch in Irland und in Großbritannien. Beide Länder erkennen Geschlechtsumwandlun-

gen nämlich nicht an, und da sie auch keine gleichge-
schlechtlichen Ehen erlauben, müssen Transsexuelle
Singles bleiben.

Bei Krivenko haben es die irischen Behörden zu spät
gemerkt, weil er listigerweise einen Schnurrbart und
Männerkleidung trägt. Dadurch konnte er den Stan-
desbeamten täuschen – aber nicht die Polizei. Zwar
hatte Krivenko nach seiner Heirat beim Justizministeri-
um in Dublin eine Verlängerung seiner Aufenthaltsge-
nehmigung beantragt und auch erhalten, als er sich bei
seinem örtlichen Polizeirevier jedoch eine Anmeldebe-
stätigung und den notwendigen Stempel für seinen
Pass abholen wollte, verweigerte ihm der Dorfpolizist
das. Die Ehe sei null und nichtig, erklärte man Krivenko, obwohl er eine neue russische Geburtsurkunde vorlegen konnte, die ihn als Mann ausweist. Eine russische
Geburtsurkunde gilt in Irland nicht. Schließlich waren
das bis vor kurzem alles Kommunisten, und gegen eine
Flasche Wodka hätten sie Krivenko wohl auch bescheinigt, dass er ein Wellensittich sei.

Der Fall geht nun vor Gericht. Es ist ein Präzedenzfall
für die irische Justiz, denn von einer ehemaligen Frau,
die eine andere Frau heiraten will, hatte man auf der
Insel bisher noch nicht gehört. Krivenko hat das Justiz-
ministerium, die Polizei, den Generalstaatsanwalt und
den gesamten Staat verklagt. Die Angelegenheit zeige,
was für ein lächerliches Land Irland sei, sagt Krivenko:
»Ich kann keinen Pass beantragen, ich kann kein Geschäft aufmachen. Ich fühle mich wie ein Bürger zwei-

ter Klasse.« Wäre er Russin geblieben und hätte einen deutschen Mann geheiratet, wäre sie Bürgerin erster Klasse, meinen die irischen Behörden.

Möglicherweise kommen die Dänen den Krivenkos jetzt zu Hilfe. Das Standesamt in Kopenhagen lud das unverheiratete Ehepaar in die dänische Hauptstadt ein, um dort noch einmal zu heiraten. Ob das etwas nützt, ist aber keineswegs sicher. Wenn die Iren eine Eheschließung im eigenen Land schon nicht anerkennen, warum sollten sie dann eine Heiratsurkunde aus einem fragwürdigen Land akzeptieren, in dem fast die Hälfte aller Kinder unehelich geboren wird? Hat das Kopenhagener Standesamt die Krivenkos etwa nur deshalb eingeladen, weil sich die Beamten wegen der dänischen Heiratsunlust langweilen?

Plastiktüten und Knalltüten

In Irland ist seit neuestem ein interessantes Phänomen zu beobachten: Menschen, die auf ihren Armen Unmengen von Waren balancieren. Manche benutzen die Zeitung als Tablett, auf das sie Milchtüten und Toastbrot, Familienpackungen Kartoffelchips und dreilagiges Toilettenpapier stapeln. Oft genug geht das schief, weil die Leute mangels freier Hand die Autotür nicht öffnen können. Bei dem Versuch, die Schlüssel aus der

Tasche zu fischen und mit der anderen Hand die Waren in Balance zu halten, stürzt die Einkaufspyramide unweigerlich zusammen, und das frisch Erworbene landet im Rinnstein.

Die irische Regierung erhebt seit dem 4. März 2002 eine Steuer von 15 Cent auf jede Plastiktüte. Für ein Land, das Plastiktüten als Grundrecht wie die Luft zum Atmen betrachtet, ist das ein gewaltiger Schock. Jeder Ire und jede Irin verbrauchen 342 Plastiktüten im Jahr, also fast jeden Tag eine. Bisher wurde alles in Plastiktüten verpackt, von der Zeitung über die Zigarettenschachtel bis hin zu Kartoffeln, obwohl die ohnehin schon in einer Plastiktüte stecken. Selbst wenn man Plastikmüllsäcke kaufte, erhielt man sie in einer Plastiktüte.

So kamen im Jahr 1,2 Milliarden dieser langlebigen Produkte zusammen, insgesamt 14 000 Tonnen. Die Hälfte davon landete auf der Müllkippe, die andere Hälfte auf den Straßen, in den Hecken und auf den Bäumen Irlands. Es gibt keine Nation in Westeuropa, die ihr Land dermaßen systematisch als Abfalleimer benutzt. Weil das dem Tourismus, einer der wichtigsten Einnahmequellen der Grünen Insel, abträglich ist, hat die Regierung diese neue Steuer eingeführt. »Die Tage der Plastiktüte sind gezählt«, sagte Umweltminister Noel Dempsey.

Und er wird Recht behalten, denn wenn die Iren eine Chance sehen, den Fiskus zu umgehen, tun sie es auch. Ein älterer Mann sagte listig: »Die halten mich wohl für bescheuert. Wenn sie glauben, sie könnten mir das Geld aus der Tasche ziehen, haben sie sich geschnitten. Ich benutze einfach keine Plastiktüten mehr.« Manche sind einfallsreicher: Da lose Waren von der Plastiktütensteuer ausgenommen sind, kaufen sie zur Zeitung oder zu den Gummibärchen einfach noch eine Orange oder einen Champignon, sodass sie alles in der kostenlosen Plastiktüte verstauen können, obwohl darin rechtmäßig nur die Apfelsine oder der Pilz nach Hause getragen werden darf.

Aber wer wollte das überprüfen? Die Steuerbehörde hat alle Hände voll zu tun, um den Überblick zu behalten. Vor Einführung der Steuer besuchten Plastiktütensteuerinspektoren jeden Laden in Irland und machten Tüteninventur. Zum Jahresende müssen die Händler dann Rechenschaft ablegen und die Steuer entrichten. Was aber, wenn sie sich illegal Plastiktüten in Nordirland besorgen, wo sie noch kostenlos sind? Müssen jetzt wieder Grenzkontrollen eingeführt werden? Welche Strafe steht auf illegalen Tütenbesitz? Für Umweltprojekte, in die die Steuer fließen sollte, wird nicht viel übrig bleiben. Die Tütensteuer wird für das Knalltüteninspektorat draufgehen.

Elf kleine Iren

In welchem Land kann man das Büro des Premierministers besetzen und ungestraft davonkommen? In Irland geht das ohne weiteres. Es geschah im Jahr 2000. Damals erlangten elf Leute aus antirassistischen Organisationen listig Zugang zur Amtsstube von Bertie Ahern im Norddubliner Stadtteil Drumcondra und besetzten die Räume, um gegen die restriktive Asylpolitik der Regierung zu protestieren. Aherns Sekretärin Sandra Bullock, die mit der gleichnamigen Hollywood-Schauspielerin weder verwandt noch verschwägert und schon gar nicht identisch ist, drückte den Panikknopf, weil sie glaubte, es handle sich mal wieder um militante Abtreibungsgegner. Im Nu waren 31 Polizisten zur Stelle und führten die Drumcondra-Eleven ab. Sie wurden behandelt wie Schwerverbrecher, die Frauen mussten sich auf dem Revier nackt ausziehen. Glaubten die Beamten, dass sie unter der Kleidung eine Asylbewerberfamilie versteckt hielten?

Zum Prozess kam es erst zwei Jahre später. Andreas war als Erster dran. Er verlangte, das Verfahren auf Irisch zu führen, wie es ihm die Verfassung zusichert, denn Irland hat zwei gleichberechtigte Landessprachen. Leider konnte die Richterin kein Irisch, und so musste man eine Übersetzerin herbeischaffen. Die sprach nicht nur einen völlig anderen Dialekt als Andreas, sondern hatte auch nur eine halbe Stunde Zeit. Die Richterin Claire Leonard, schon etwas irritiert von der Inkompetenz der Staatsanwaltschaft, entschied auf Freispruch. Da waren's nur noch zehn. Doris, die Deutsche, verlangte ebenfalls einen Dolmetscher. Diesmal war die Staatsanwaltschaft besser vorbereitet und präsentierte einen älteren Herrn. Leider stammte er aus der Slowakei und konnte als Fremdsprache fließend Ungarisch. Freispruch. Bei der schwedischen Mitangeklagten suchte man erst gar keinen Übersetzer. Freispruch. Da waren's nur noch acht.

Und die sollten von den Zeugen, nämlich den Polizisten, im Gerichtssaal identifiziert werden. Doch die Beamten verwechselten die Namen von fünf der Angeklagten, die daraufhin freigesprochen wurden. Da waren's nur noch drei.

Der nächste Angeklagte, Gregor, argumentierte, er sei gerade dabei gewesen, ein Protestplakat aus dem Fenster zu hängen, als der Einsatzleiter den anderen zehn Bürobesetzern befahl, das Gebäude zu verlassen. Er habe den Räumungsbefehl deshalb nicht gehört. Freispruch. Da waren's nur noch zwei.

Glen erzählte der Richterin, er habe zwei Universitätsabschlüsse und arbeite als Kinderbetreuer. Bei einer Verurteilung würde er seinen Job verlieren. Das wollte ihm die Richterin nicht antun. Freispruch.

Deirdre, die Letzte der elf Angeklagten, kam aus Gründen der Gleichbehandlung davon: Die inzwischen schwer genervte Richterin wollte sie nicht als Einzige verurteilen. Sie machte den Angeklagten, die außerhalb des Wahlkreises von Bertie Ahern leben, jedoch die Auflage, künftig einen Bogen um das Büro des Premierministers zu machen. Die anderen, die im Wahlkreis leben, sollen sich anmelden, wenn sie Ahern im Büro besuchen wollen.

Aber er hat immer gut gegessen

Kamerun gegen Irland, welch Fußballfest bei der Weltmeisterschaft in Japan und Südkorea. Auf der einen Seite Exoten, fremde Kultur, wilde Riten. Auf der anderen Seite Kamerun.

Zwar hatte der Kabarettist Dieter Nuhr diesen Vergleich auf Österreich gemünzt, aber diesmal passte er besser auf Irland. »Bananenrepublik«, hatte der englische »Daily Mirror« angesichts des Streits um Roy Keane getitelt. Was weiß ein englischer Schmutzkübel schon von irischer Flora? Irland ist eine Kartoffelrepublik. Keane, einziger irischer Spieler von Weltklasse, hatte seinem Trainer Mick McCarthy bescheinigt, er sei ein Scheißspieler gewesen, er sei ein Scheißtrainer und nichts als ein blöder Wichser. McCarthy nahm das persönlich und schickte Keane vor dem Spiel gegen Kamerun heim. Seitdem gibt es in den irischen Medien kein anderes Thema.

Ich musste mir das Match in einer irischen Kneipe in Berlin ansehen, weil die Piloten von Aer Lingus streikten und ich festsaß. Mit dabei waren der Kreuzberger Kleinverleger Klaus B., der Kollege Michael R. und die Irin Maire O., die einen Kameruner zwecks Belebung der Kneipenatmosphäre mitgebracht hatte. Er war sehr zurückhaltend, nur gelegentlich entfuhr ihm bei vergebenen Kameruner Chancen ein »Oh no«, was mit einem hundertfachen »Oh yes« quittiert wurde.

Nach dem Kameruner Tor sinnierte Klaus B.: »Ob die Schotten wohl jetzt noch eine Chance haben?« Bei Michael R. hatte sich das Klassenfahrtsyndrom eingestellt: auf der ersten Raststätte gleich eine Pause zum Essen und Saufen. Er bestellte sich das Sonderangebot, ein irisches Frühstück, zu dem neben Speck, Würsten, Eiern und gebackenen Bohnen auch ein großes Bier gehörte. Um halb neun morgens. Die meisten irischen Fans dagegen orderten das Sonderangebot ohne Frühstück, und nach dem irischen Ausgleich dachte niemand mehr ans Essen.

Außer Michael R. Der Deutschlandfan freute sich über das fürs deutsche Team angeblich günstige Unentschieden zwischen den Rivalen und holte sich eine große Portion Irish Stew. »Es ist ja schließlich eine Frühstücks-WM«, sagte er. »Wenn ich Bier trinke, bekomme ich immer Hunger.« Zum rustikalen Holzfällergetrete zwischen Dänemark und Uruguay gab es Kuchen mit Sahne, bevor das Spiel Deutschland gegen Saudi-Arabien mit einem Nudelauflauf eingeläutet wurde. Auf seinem Grabstein, das habe R. testamentarisch verfügt, werde stehen: »Aber er hat immer gut gegessen.«

Und getrunken. Als das achte Tor für Deutschland fiel, bemerkte R. überrascht: »So ein Zufall, jetzt habe ich genauso viele Biere getrunken, wie die deutsche Mannschaft Tore geschossen hat.« Kurz darauf wurde klar, dass das deutsche Team an diesem Tag nicht mit R., der zum Abschluss einen Gurkensalat vertilgte,

mithalten konnte. Kolumnist Wiglaf D., der mit sechs-
stündiger Verspätung zur Halbzeit des letzten Spiels
eingetroffen war, monierte zu Recht, dass Schneider
mit seinem Tor zum 8:0 die schöne Schlagzeile kaputt-
gemacht habe: »Sieben auf einen Scheich.«

Mit einem Blair im Grab

Ah, das Oberhaus – nie versiegende Quelle der Unterhaltung und des geriatrischen Frohsinns. Eine
Liveübertragung aus dem Londoner House of Lords
ist amüsanter als die beliebte englische Fernsehserie
»Mit einem Bein im Grab«, deren Titel viel besser
zum Oberhaus passen würde. Die gepolsterten Bänke
sind bequemer als im Unterhaus, und so mancher
Lord macht ein Nickerchen, während seine Kollegen
stundenlang aneinander vorbeireden. Selbst Lady
Thatcher, die früher »Margaret« hieß und »der eiserne
Kotzbrocken« genannt wurde, schien bei ihrer ersten
Oberhaussitzung um ein Jahrzehnt zu altern.

Ihr politischer Enkel Tony Blair will diesen Parkplatz
für abgehalfterte Politiker nun reformieren. Moderni-
sierung heißt das Stichwort, das schon für die Transfor-
mation von Labour nach Tory herhalten musste. Doch
ebenso wie damals, als Blair sich scheute, gleich auch
den Namen seiner Partei abzuschaffen, erweist er sich

bei der Oberhausreform als Großmeister der Halbherzigkeit: Bloß niemanden vor den Kopf stoßen, schon gar nicht die eiserne Oma. So präsentierte er eine rechnerische Wunderformel, die – wenn sie aufginge – ihm umgehend den Nobelpreis für Mathematik einbringen würde. Aber sie geht nicht auf.

Im Altenklub von Westminster sitzen 600 Adlige. 20 Prozent davon sollen künftig gewählt werden. Die Regierung und die Parteien dürfen 60 Prozent, also 360 Leute, entsenden, wenn es nach Blair geht. Das wird vermutlich nicht auf Widerspruch der anderen Parteien stoßen, schließlich hätten auch sie gern ein Reservat für Ausgemusterte. Doch die restlichen 20 Prozent sollen von einer unabhängigen Kommission ernannt werden, die eine Balance in Hinblick auf Geschlecht, Rasse, Religion und Region finden muss. Das allerdings geht gar nicht.

Es gibt 16 anglikanische Bischöfe, die ein Anrecht auf einen Sitz im Oberhaus haben. Räumt man den anderen Religionen eine proportionale Zahl ein, wären 77 der 120 Sitze besetzt, obwohl 55 Prozent der Bevölkerung überhaupt keine Geistlichen in der Legislative wollen. Und was ist mit den anderen drei Kriterien? Selbst mit einer Horde weiblicher Rabbis von den Orkney-Inseln und mit sämtlichen Hindubischöfinnen aus Südostwales würde Blairs Balanceakt nicht funktionieren. Außer, man würde die Zahl der Oberhausabgeordneten verdoppeln, dann wäre auch Platz für Hare-Krishna-Lords.

Die »Guardian«-Kolumnistin Polly Toynbee freut sich darauf, bald in der einzigen Theokratie der westlichen Welt zu leben: »Die ganzen homophoben und abtreibungsfeindlichen Fundamentalisten würden das Oberhaus zu einer Institution machen, die das britische Volk nicht repräsentiert«, findet sie, und damit hat sie Recht. Es gibt nur eine Lösung: Tony Blair muss ins Oberhaus – als Schnittmenge des Volkes. Er ist protestantisch, geht mit seiner Frau aber in die katholische Kirche, er stammt aus Schottland, lebt aber in London, er isst Porridge zum Frühstück und Chicken Tikka Massala zum Abendessen. Jetzt muss er sich nur noch operieren lassen.

Clares Straßen sind schmal

Nachts um zwei sind alle Autos grau. Der Wagen, der mir auf der schmalen Landstraße in der westirischen Grafschaft Clare entgegenkam, hatte tatsächlich diese Farbe. Aber das bemerkte ich erst am nächsten Tag auf dem Schrottplatz.

Die Straße am Meer war schnurgerade. Ich war überzeugt, mühelos an dem Wagen vorbeizukommen, und das war die Fahrerin des anderen Autos auch. Wir irrten beide. Es gab einen ohrenbetäubenden Knall, mein rechtes Vorderrad war verschwunden, sodass

der Wagen nach rechts zog und sich an eine Mauer schmiegte, hinter der es steil ins Meer ging. Das andere Auto hatte ebenfalls das rechte vordere Rad eingebüßt. Eine junge Französin stieg aus. Sie stellte sich artig als Yvonne Picard vor. Inzwischen waren ein paar Anwohner aus ihren Häusern gekommen. Einer fragte: »Wer hatte Schuld?« Yvonne und ich zuckten mit den Schultern, einigten uns auf unentschieden und gaben uns die Hand.

Es wurde dann doch noch ein netter Abend. Wir warteten in Yvonnes Wrack zwei Stunden auf den Abschleppwagen, den die Anwohner angerufen hatten, und unterhielten uns über Gott und die Welt. Schade, dass ich sie »by accident« kennen gelernt habe, kalauerte ich. Dann fiel mir der Wein ein: Klaus, ein deutscher Kollege, der in Irland Zuflucht vor seinen Gläubigern gesucht hatte, ließ sich seit einiger Zeit von einer Spedition Rotwein aus Deutschland bringen. Meistens merkte der irische Zoll nichts, und weil sich Klaus jedes Mal unbändig über die gesparten Steuern freute, bestellte er sogleich eine neue Lieferung. Im Laufe der Zeit hatte er ein beeindruckendes Weinlager angehäuft, von dem er mir 24 Flaschen abgegeben hatte. Die hatten den Unfall im Kofferraum des Schrotthaufens unbeschädigt überstanden. Ein Gläschen Rotwein mit Yvonne vielleicht? Unsere Autos waren ohnehin nicht mehr fahrtüchtig, da mussten wir es auch nicht sein. Ich fand das aber doch zu dreist, und das war mein Glück.

Kurz darauf tauchte nämlich die Polizei auf. Wie viele Biere ich denn getrunken habe, wollte der Beamte wissen. »Allerhöchstens eins, wenn überhaupt«, antwortete ich. »Was denn«, meinte er, »du fährst nachts um zwei aus dem Pub nach Hause und hast nur ein Bier getrunken?« Ich konnte das nur bestätigen, doch er zückte ein Röhrchen und reichte es mir mit dem Befehl: »Pusten!« Aha, mein erster Alkoholtest in Irland in knapp 20 Jahren. Ich blies heftig in das Röhrchen und gab es ihm zurück. »Schade«, meinte er, nachdem er die Färbung inspiziert hatte, »das reicht ja nicht, um dich mit aufs Revier zu nehmen.«

Als ich am nächsten Tag den Wein auf dem Autofriedhof bergen wollte, sah mich der Besitzer verblüfft an. Er habe noch nie zwei Autos in einem solchen Zustand gesehen, aus denen die Fahrer unverletzt ausgestiegen waren. »Ihr hattet Glück, dass ihr Autos mit Linkssteuer gefahren seid«, sagte er und zeigte auf die anderen 70 oder 80 Autos auf seinem Schrottplatz. Bei neun von zehn Wagen war der rechte Vorderreifen abgebrochen. »Clares Straßen sind schmal«, sagte er, »und nachts sind alle Autos grau.«

Eine Rakete im Vorgarten

Mikey geht gern fischen. Er hat es nicht weit bis zum Meer, denn er lebt in Ballyvaughan an der irischen Westküste. Neulich war er wieder mal an der Bucht und schaute nach den nassen Tieren. Sein Freund Billy hatte schon ein paar Prachtexemplare aus dem Meer geholt, als Mikey ein schwarzes, an den Enden abgerundetes Objekt im Wasser entdeckte. Ein Delfin? Oder doch nur ein Baumstamm? Aber sind die an beiden Enden abgerundet? Aufgrund der einsetzenden Dunkelheit war nichts zu erkennen.

Billy beschloss, das Ding aus dem Wasser zu ziehen. Es war sehr schwer, er konnte es kaum anheben. Mikey, dem inzwischen ein Licht aufgegangen war, meinte: »Ich würde das an deiner Stelle nicht anfassen. Es könnte dich bis nach Dublin blasen.« Am nächsten Tag war das Objekt ans Ufer gespült worden. An einem Ende war es mit einem abgerundeten Bolzen versiegelt, am anderen mit einer Messingschnalle. Mikey fand, dass es aussah wie ein Torpedo, und verständigte den Dorfpolizisten. Der fand auch, dass es wie ein Torpedo aussah, doch seine übergeordnete Dienststelle befahl ihm, er müsse erst mal ein Foto machen.

Kaum war das Foto beim Oberpolizisten angekommen, da schickte er zehn Mann aus Cork im Süden Irlands nach Ballyvaughan: ein Bombenentschärfungsteam. Die Experten bauten ein grünes Zelt um das verdächtige Objekt und injizierten eine Flüssigkeit. Mit

Auskünften hielten sie sich zurück. Einer sagte lediglich: »Es ist eine Rakete. Wenn ein Schiff dagegen gefahren wäre, gäbe es dieses Schiff nicht mehr.« Das passiert öfter in irischen Gewässern. Vor ein paar Jahren verschwand ein Fischerboot vor der Küste Donegals im Nordwesten. Die sechs Mann Besatzung wurden nie gefunden, und auch vom Schiff gab es keine Spur. Es heißt, ein U-Boot habe sich im Netz verfangen und das Fischerboot hinabgezogen. Aber dann wären irgendwann Teile davon aufgetaucht. Wahrscheinlich ist es von einem Torpedo getroffen worden, glaubt Mikey. Das Meer um Irland ist ein Friedhof für Atom-U-Boote, vor allem russische. Die halbe Flotte liegt vermutlich auf dem Grund vor Irlands Küsten.

Die Bombenentschärfer aus Cork ließen die Rakete am Strand liegen, nachdem sie entschärft war. Wahrscheinlich hatten sie von Kevin gehört. Der sammelt alles, was aus dem Meer angespült wird, sein Garten ist voller interessanter Stücke, vom Walskelett bis hin zu mittelgroßen Findlingen. Einmal hätte ihn sein Sammlertrieb fast das Leben gekostet: Er wollte einen großen Stein auf seinen Traktor ziehen, doch die Klamotte war weit größer, als er dachte. In seinem Eifer geriet er irgendwie unter den Stein, sodass er sich nicht mehr rühren konnte. Zum Glück hatte er sein Handy dabei, sonst hätten die Erben sein Skelett neben den Walgräten aufbauen können.

Gelernt hat er daraus freilich nichts. Kevin holte wieder seinen Traktor und zerrte die Rakete auf den

Anhänger. Nun steht sie in seinem Vorgarten und rostet vor sich hin. Aus der Öffnung, die das Bombenteam gebohrt hat, suppt irgendeine Flüssigkeit heraus. Besuch bekommt Kevin nur noch selten.

Das Elend mit der Post

Die britische Post hat sich umbenannt. Sie heißt jetzt »Consignia« und ist eine Aktiengesellschaft, die der Regierung gehört, weil sich sonst niemand für die Aktien interessiert. Namenswechsel haben Tradition in Britannien. Ist der Ruf ruiniert, legt man sich flugs einen neuen Namen zu. Die Plutoniumschleuder Windscale zum Beispiel wurde nach einer Kette von Unfällen zu Sellafield und verseucht die Umwelt unvermindert weiter. Das Rüstungsunternehmen Thomson taufte sich in Thales um – nach einem griechischen Philosophen, der im 6. Jahrhundert vor unserer Zeitrechnung die Theorie aufstellte, dass alles aus Wasser bestehe. Und nach dem Aktienskandal um Guinness fusionierte der von Irland nach England ausgewanderte Bierriese mit dem Schnapsgiganten Grand Metropolitan und nannte sich römisch-griechisch Diageo – der Tag und die Welt.

Nicht immer hat ein Namenswechsel jedoch den gewünschten Effekt. Sellafield ist zum Inbegriff für regelmäßige Unfälle, radioaktive Verseuchung und Vertuschung geworden, und aus dem gigantischen Profit, den der Getränkegigant Diageo angepeilt hatte, ist nichts geworden. Bei der Post ist die Umtaufung gründlich schief gegangen. Der alte Name war in Verruf geraten, weil das Ziel, 92,5 Prozent aller Inlandsbriefe bis halb zehn am nächsten Morgen auszuliefern, nicht mal in Sichtweite war.

Mit Consignia sollte alles besser werden. Ein Jahr später überlegt das Unternehmen, den Briefverkehr ganz einzustellen, da man in den ersten sechs Monaten 281 Millionen Pfund Verlust gemacht hat. Der Geschäftsführer John Roberts sagte anfangs: »Die regierungseigene Aktiengesellschaft hat bessere Möglichkeiten, zu investieren und Kredite aufzunehmen.« Mehr als 75 Millionen Pfund im Jahr darf Consignia allerdings nicht borgen, das hat die Regierung zur Auflage gemacht. Außerdem müssen die Kosten um 15 Prozent gesenkt werden. Das heißt, man muss 30 000 Leute entlassen.

Vermutlich alles Briefträger, wenn man Consignias Pläne betrachtet. Die Nicht-Post startet verschiedene Pilotsparprojekte. Unter anderem will man Geschäftsbriefe öffnen, in einen Computer einscannen und dann per E-Mail verschicken. Bei Privatbriefen geht man noch nicht ganz so weit. Die sollen an Ausgabestellen an Bahnhöfen für die Kundschaft zur Abholung bereitgehalten werden.

Premierminister Tony Blair war von den Jobverlusten

angeblich überrascht. Man habe ihn in die Pläne nicht eingeweiht, sagte er mit großen Augen. Einen Tag später erklärte das Handelsministerium, das Kabinett sei bereits vor Monaten informiert worden, dass der Laden kurz vor dem Bankrott stehe und es zunehmend schwieriger finde, den grundlegenden Service aufrechtzuerhalten. Nach der Umbenennung hatte John Roberts erklärt: »Der neue Name beschreibt die ganze Bandbreite unseres Unternehmens, wie es die Worte ›Post‹ und ›Amt‹ nicht konnten.« Der Mann hat Recht. »Consign« bedeutet laut Oxford Pocket Dictionary: »Etwas dem Elend, dem Grab oder einer anderen Person übergeben.«

Schafe zählen nicht

Wer einmal ein Zimmer mit John geteilt hat, wird die Nacht so schnell nicht vergessen. Er schnarcht. Aber nicht etwa auf eine gleichmäßige, beruhigende Art, wie ich es tue, sondern er variiert Lautstärke, Melodie und Rhythmus. Manchmal hört er ganz auf zu atmen, und dann setzt seine Atmung mit einem Grunzen wieder ein, das einer Herde Wildschweine alle Ehre machen würde. Seine Frau Anne hat ihn auf die Couch im Wohnzimmer verbannt.

Einmal übernachteten John und ich in einem Hotel

an der irischen Westküste. Beim Frühstück am nächsten Morgen konnte man am Zerschlagenheitsgrad und an der Schattierung der Ringe unter den Augen der anderen Gäste messen, in welcher Entfernung ihr Zimmer von unserem lag. Dass John – und nicht ich –

der nächtliche Rowdy war, sah man meinem Zustand an. Einige Gäste erkundigten sich bei mir, wie lange wir bleiben würden.

»Schlafapnoe« nennt man diese Krankheit, und sie ist für den Betroffenen noch unangenehmer als für die Umwelt. Trotz des scheinbaren Kreissägentiefschlafs ist John tagsüber ständig müde und nickt manchmal mitten im Gespräch ein. Er hat ein Kurzzeitgedächtnis wie ein Goldfisch. Einmal wollte er mir seine Urlaubsfotos innerhalb einer Stunde dreimal zeigen. Nun ist jedoch alles anders. John hat sich untersuchen lassen und ein Beatmungsgerät verschrieben bekommen. Es hat einen zwei Meter langen Rüssel für die Sauerstoffzufuhr, er stülpt es sich vor dem Zubettgehen über die Nase und zurrt es mit Gurten hinter dem Kopf und am Kinn fest. Wenn er es in die Steckdose einstöpselt, pumpt es regelmäßig Luft in seine Lungen. John schläft seitdem wie ein Neugeborenes. Anne ließ ihn auf Bewährung wieder ins eheliche Schlafzimmer, doch sie fand das leise Surren der Beatmungsmaschine höchst irritierend. Sie versuchte es mit der klassischen Methode: Schafe zählen. Das funktionierte nicht, denn seit der Maul- und Klauenseuche gehen die Tiere bei ihr stets in Flammen auf. Inzwischen weiß sie, dass die Methode auch ohne die Seuche zum Scheitern verurteilt gewesen wäre. Psychologen in Oxford haben für eine Untersuchung 50 Versuchspersonen in drei Gruppen eingeteilt. Die erste sollte Southdown-Mutterschafe oder Merinolämmchen zählen, die über einen Zaun springen. Die zweite Gruppe sollte sich Wasserfälle vorstellen, die letzte sollte an gar nichts denken. Ergebnis war, dass die Wasserfallgruppe im Durchschnitt 20 Minuten früher einschlief als die anderen.

Bei dem Thema geht es um viel Geld. Schlaflosigkeit ist ein Albtraum: 20 Prozent aller Autounfälle sind auf Übermüdung zurückzuführen. In den USA betragen die Kosten, die durch Krankheiten und Unfälle infolge von Insomnia verursacht werden, 35 Milliarden Dollar im Jahr. Dieses Vermögen könnte man einsparen, indem man den Schlaflosen dieser Welt verordnet, an Wasserfälle zu denken, wenn die Wissenschaftler aus Oxford Recht haben. Wie viele der Versuchspersonen bei der Vorstellung von rauschendem Wasser ins Bett machten, gaben sie nicht bekannt.

Fötus will in Irland bleiben

Wie deportiert man einen Fötus? Die irische Regierung hat den Asylantrag einer schwangeren Nigerianerin abgelehnt und will sie ausweisen. Allerdings hat der Staatsanwalt vergessen, einen Ausweisungsbefehl für den Fötus auszustellen. Und nach der irischen Verfassung ist ein ungeborenes Kind eine Person.

In dem Prozess vertritt Rechtsanwalt Michael Forde den Fötus, der vom Gericht »Baby O« getauft wurde.

Wie führt Forde, ein Spezialist für skurrile Fälle, ein Gespräch unter vier Augen mit seinem Mandanten? Jedenfalls, so behauptete Forde, wolle der Fötus als Person anerkannt werden. Die Regierung beantragte Abweisung der Klage. Ansonsten dürfe ja keine Frau im gebärfähigen Alter deportiert werden, wenn sie glaubhaft machen könne, dass sie schwanger sei, meinte der Staatsanwalt entsetzt. Glaubhaft machen? Auf welchem medizinischen Stand befindet sich die Staatsanwaltschaft?

Das Dilemma, in dem die Regierung steckt, hat sie sich selbst eingebrockt, weil sie das Thema Abtreibung seit einem Jahrzehnt geradezu meisterhaft verdrängt. Sicher, Wahlen lassen sich damit nicht gewinnen. In den vergangenen 20 Jahren hat es die Regierung vier Mal mit einer Volksabstimmung versucht, um das irritierende Thema ad acta legen zu können. Doch entweder machte ihnen das störrische Stimmvieh einen Strich durch die Rechnung oder der höchste irische Gerichtshof. Der entschied 1992, als eine 14-Jährige nach einer Vergewaltigung schwanger geworden war, dass eine Abtreibung zulässig sei, wenn das Leben der Schwangeren in Gefahr sei – und dazu zählten die Richter Selbstmordgefahr. Über irgendwelche Fristen sagten sie nichts. So könnte man theoretisch das Kind in letzter Sekunde erschießen, bevor es ganz geschlüpft ist.

Das wollte die Regierung nun ändern. Kurz vor Ostern 2002 wurde die Bevölkerung erneut zum Referendum gebeten. Diesmal sollte sie absegnen, dass Selbstmordgefahr keine lebensbedrohliche Situation für die Schwangere darstellt. Und ein Embryo sollte erst dann zur Person werden und geschützt sein, wenn er sich in der Gebärmutterwand eingenistet hat. Das sei Verrat, heulte die Anti-Abtreibungslobby auf, denn dann wäre ja die »Pille danach« kein Mordinstrument mehr, sondern ein Medikament. So ging es erneut schief. Die Bevölkerung lehnte den Gesetzesentwurf ab, und alles bleibt beim Alten.

Die Klage von »Baby O« ist für die selbst ernannten Lebensschützer eine zweischneidige Angelegenheit. Einerseits begrüßen sie es, dass ein Fötus per Gerichtsurteil als Person anerkannt werden soll. Andererseits sind viele von ihnen zutiefst ausländerfeindlich und würden gerne weiterhin deportieren.

Der Prozess, der genauso gut von Monty Python erfunden sein könnte, wird noch länger für Unterhaltung sorgen. Sollte der Antrag nämlich abgelehnt werden, kann der Fötus in die Berufung gehen. Wenn sich die Verhandlung lange genug hinzieht, ist er vielleicht kein Fötus mehr, sondern ein Baby – und damit laut Verfassung irischer Staatsbürger. Dann hätte sich das Thema Ausweisung erledigt. Jedenfalls für den ehemaligen Fötus.

Doktor Ahern, nehme ich an

Er kommt jetzt wieder öfter vorbei. Bertie Ahern, der Mann im Anorak, geht wie ein Hausierer von Tür zu Tür. Aber er ist kein Hausierer, sondern irischer Premierminister oder »Taoiseach«. Das bedeutet »Häuptling«. Die Parlamentswahlen stehen an, und da es in Irland keine Listenwahl gibt, kommt auch der Häuptling nur über die Direktwahl ins Parlament.

Ich wohne in seinem Wahlkreis. »Doktor Ahern, nehme ich an«, sage ich zu ihm, und er nickt geschmeichelt. Ahern lässt sich gerne in Talar und Doktorhut fotografieren. Den Doktortitel hat ihm – wie jedem Taoiseach vor ihm – die juristische Fakultät verliehen. In seiner Biografie auf der Internetseite seiner Partei Fianna Fáil, den »Soldaten des Schicksals«, wird behauptet, Ahern habe an der berühmten London School of Economics (LSE) studiert, doch die LSE erklärte, es gebe in ihren Unterlagen dafür nicht den geringsten Hinweis.

In seinem offiziellen Lebenslauf beschreibt sich Ahern als ehemaligen Krankenhausbuchhalter, der am University College Dublin (UCD) studiert habe. UCD wollte den Taoiseach zu Werbezwecken einspannen, doch als man in den Archiven herumstöberte, fand man nichts. »Vielleicht hat er ja mal einen Abendkurs in einem Nebengebäude belegt«, meinte ein Universitätsangestellter.

So genau wie bei Ahern sieht man im UCD nicht im-

mer hin. Im Oktober 2001 trat der beliebte Dozent des Wirtschaftsfachbereiches, der US-Amerikaner Dr. Gary Santry, plötzlich zurück. Nachdem er fünf Jahre lang am College unterrichtet hatte, fand jemand heraus, dass er weder habilitiert noch irgendeinen Universitätsabschluss hatte. Als man ihn 1996 einstellte, machte sich niemand die Mühe, seine Papiere zu überprüfen. Das UCD liegt offenbar im Dubliner Stadtteil Köpenick.

Dabei ist es gar nicht so schwer, einen Doktortitel zu erlangen, dazu muss man nicht mal Häuptling werden. Es reicht schon, wenn man Bischof ist. Dann wird man automatisch zum »Doktor der Göttlichkeit« ernannt. Wer ein Vermögen angehäuft hat, wie Billigflugkönig Tony Ryan oder Zeitungszar Tony O'Reilly, bekommt den Titel als Zinsen hinterhergeworfen. Auch Mutter Teresa, die mit gefalteten Händen und katholischem Dogma Millionen ins Unglück gestürzt hat, ist irische Ehrendoktorin – ebenso wie Roy Keane, der Kapitän der irischen Fußballnationalmannschaft. Wäre das Team im Sommer 2002 Weltmeister geworden, hätte auch der Rest der Mannschaft bis hin zum Zeugwart den Doktortitel erhalten.

Im irischen Kabinett gibt es nur zwei Minister, die ihren Doktorhut ehrlich erworben haben: Bildungsminister Michael Woods, der »Tomatendoktor«, der über Nachtschattengewächse promoviert hat, und Tourismusminister Jim McDaid, der in Galway Medizin studiert hat. Offenbar ist der Ethikunterricht damals ausgefallen: Neulich bezeichnete McDaid Selbstmörder als »egoistische Bastarde«.

Wie man eine Frau findet

Was schenkt man einem Single zum 40. Geburtstag? In einem Dubliner Antiquariat fand ich das perfekte Präsent für meinen Freund Joe, ein kleines Heftchen: »Choosing A Wife«, ein Leitfaden, was man bei der Wahl einer Ehepartnerin beachten muss. Geschrieben hat es der Jesuitenpfarrer John Charnock, und der muss es ja wissen. Das schwarz-rote Heftchen mit drei Frauenkopfzeichnungen auf dem Umschlag ist von Reccardius Fleming, dem theologischen Zensor, abgesegnet worden, es ist also ein völlig unbedenkliches Geburtstagsgeschenk.

Charnock stellt zunächst die Kernfrage: »Will Gott überhaupt, dass ich heirate?« Eigentlich nicht, antwortet er im Namen des Herrn: »Für die Religiösen ist Jesus Christus der Ehepartner.« Aber auch die Unverheirateten sind gut dran, weil sie als Jungfrauen einen Sonderposten im Himmel einnehmen werden. Denn wenn sie nicht verheiratet sind, folgert Charnock schlüssig, müssen sie ja Jungfrauen sein. Das Eheleben ist die würdeloseste Existenz. Aber wer es nicht lassen kann, soll sich wenigstens an ein paar Richtlinien halten.

Die erste Regel: Wähle eine Katholikin. Die zweite Regel: Wähle eine fromme Katholikin. Das sei auch Gottes Meinung, und für die Sünde der Missachtung seines heiligen Willens hält er eine Sintflut bereit, warnt Charnock. In einer Mischehe würde die nicht katholische Frau ihren katholischen Mann pervertieren, sagt der Allmächtige. »Die Kirche verabscheut solch hasserfüllte Ehen«, schreibt der zölibate Pfarrer. »Falls es in Ihrer Familie jemanden so Dummes geben sollte, der solch fatale Torheit begehen will, so erlaubt es die Kirche manchmal, um Schlimmeres zu verhüten.« Aber diejenigen können weder mit Blumenschmuck in der Kirche noch mit einem Lächeln des Pfarrers rechnen. »Eine Beerdigung wäre fröhlicher«, sagt Charnock, »denn einer Mischehe wohnt das Böse bei.«

Aber selbst bei Katholikinnen sind einige Dinge zu beachten: »Nimm kein flatterhaftes Mädel, eine ungezähmte, nutzlose Kreatur, die nach der Arbeit das Essen herunterstürzt und dann, statt der Mutter zu helfen, mit ihresgleichen auf der Straße herumlungert und deren lautes Lachen stadtbekannt ist.« Manch abstinenter Mann sei durch die Verkommenheit seiner Frau in den Alkohol getrieben worden. »Ist sie unordentlich«, schreibt der jesuitische Experte angewidert, »ist das Haus dreckig und übel riechend und stehen die Überreste der letzten Mahlzeit noch auf dem Tisch, wenn er nach Hause kommt, wird der Mann vor diesem Elend geradewegs in dieses Grab des Familienglücks, die Kneipe, flüchten.« Sie dagegen darf keinen Drink anrühren: »Männer mit starkem Charakter können manchmal vom Alkohol loskommen, Frauen jedoch niemals.«

Dermaßen gewappnet, kann bei der Wahl der Ehe-

frau eigentlich nichts mehr schief gehen. Nun gilt es, den »Ignoranten und Gottlosen in deiner Nachbarschaft« zu helfen. Gib ihnen dieses Heftchen, rät Charnock. Und falls sie es nicht wollen, soll die Vorsehung ihren Lauf nehmen: »Lass das Heftchen im Bus, auf der Parkbank oder im Theater liegen.« Oder im Mülleimer?

Das Haus des Schreckens

Wenn es brennt, kommt die Feuerwehr. Das ist auch in Irland so. Manchmal ist sie aber gar nicht erwünscht. Als Stephens Laden mit angeschlossenem Postamt in einem kleinen Dorf an der irischen Westküste in Flammen stand, rückten nicht nur die Feuerwehrleute an, sondern auch die Nachbarn mit Wassereimern. Stephen empfing sie mit einem Benzinkanister und drohte jedem, der einen Löschversuch unternehme, ihn mit Benzin zu übergießen und ihn ins Feuer zu schubsen.

Ein schlecht getarnter Versicherungsbetrug? Das Haus war gar nicht versichert, 350 000 Euro gingen in Rauch auf. Also müsse Stephen verrückt sein, beschlossen die Nachbarn. Das ist er aber keineswegs. Er wollte das Haus ohnehin abreißen und einen neuen, größeren Laden mit einer Wohnung im ersten Stock bauen. Das geräumige Anwesen wollte er als Altersversorgung verpachten. Da aber die Nachbarn ständig Widerspruch gegen seine Pläne einlegten, bekam er keine Baugenehmigung. Nach der Feuersbrunst wagte es niemand, Einspruch einzulegen. Die Leute hatten Angst, dass der irre Stephen ihnen dann das Dach über dem Kopf anzünden würde.

Er schob dagegen logische Gründe vor, das verhasste Haus dem Erdboden gleichzumachen: Es war verhext. Seit 1910, als das Haus gebaut wurde, seien fünf Bewohner eines tragischen Todes gestorben. Ein junger Mann sei ertrunken, kurz darauf kam auch sein Bruder im Meer um. 1950 erschoss sich der damalige Besitzer. Dessen Sohn wurde vom Blitz getroffen, und weil seine Schwester das mit ansehen musste, erhängte sie sich aus Gram. Das ist alles im Stadtarchiv belegt.

An Spukhäusern hat es an der irischen Westküste ohnehin keinen Mangel. Ein paar Meilen von Stephens Haus entfernt wohnt ein berühmter Concertina-Spieler, der die Druckknöpfe so flink bedienen kann, dass er Jahr für Jahr die irischen Meisterschaften gewann, bis es ihn langweilte und er nicht mehr am Wettbewerb teilnahm. Sein Grundstück war bis vor kurzem mit einem Eisentor gesichert, das an zwei Säulen befestigt war. Auf den Säulen thronten grauenhafte Adler aus Stein. Jedes Mal, wenn der Musiker das Tor schloss, dauerte es keine zwei Minuten, und es öffnete sich quietschend. Es half auch nicht, dass er das Tor zunächst mit einem Seil und später mit einer Stahlkette festband: Kaum war er außer Sichtweite, ging das Tor quietschend wieder auf. Neulich riss er Tor, Säulen und Zieradler ab, und seitdem herrscht Ruhe.

Für Stephen war das ein Beweis, dass manchmal radikale Lösungen erforderlich seien. Sein Plan ging dennoch nicht auf. Bei der Polizei hatte er einen »Moment des Wahnsinns« als Grund für seine Feuerteufelei vorgeschoben, und davon bekam die Versicherung Wind. Wer einmal durchdreht, könne es auch ein zweites Mal tun, argumentierten die Versicherungen und verweigerten Stephen einen Vertrag. Da sich Versicherungsunternehmen, die in Irland ähnlich kriminell wie

Drogenkartelle operieren, gegenseitig vor riskanter Kundschaft warnen, bekommt Stephen keine Versicherung mehr. Die benötigt er aber, wenn er den Laden verpachten will. Den Neubau musste er stoppen. Die Bauruine steht zum Verkauf.

Die Familie des Bischofs

Von Harry Browne hatte ich schon vor 20 Jahren gehört. Zu meiner angeheirateten Verwandtschaft in Timahoe, einem kleinen Dorf in der irischen Grafschaft Laois, gehörte – wie zu jeder guten irischen Familie – ein katholischer Pfarrer. Der lebte in den USA. Eine andere Familie in Timahoe hatte ebenfalls einen Priester-Onkel in den Vereinigten Staaten, und zwischen beiden Sippen entbrannte eine Art Wettstreit: Jedes Mal, wenn einer der beiden Pfaffen auf Heimatbesuch nach Irland kam, musste das ganze Dorf geputzt und geschmückt werden, und zwar schöner als beim Besuch des gegnerischen Pfarrers. So nahm der Aufwand für die Dorfverschönerung im Lauf der Jahre immer absurdere Dimensionen an. Zum Schluss sperrte man sogar die Gemeindewiese, auf der bis dahin die Kinder spielen durften, und errichtete ein Denkmal für den irischen Präsidenten Childers, das von unserem US-Pfarrer enthüllt wurde.

Meine Tante Nora war beim Pfaffenwettstreit stets im Vorteil, weil ihr der Dorfladen gehörte, an den ein Postamt angeschlossen war. Jedes Telefongespräch musste von ihr vermittelt werden. Wenn die Verbindung hergestellt war, hätte sie sich eigentlich ausklinken müssen, aber man will ja wissen, was im Dorf vor sich geht. So erfuhr sie immer als Erste, wann der Pfarrer der Gegenseite anrücken würde, und konnte den Dorfputz ein wenig sabotieren.

Eines Tages kündigte Noras Pfarrer seinen Besuch

im folgenden Monat an. »Ich habe eine große Überraschung für euch«, sagte er. »Ihr werdet stolz auf mich sein.« Tante Nora schlussfolgerte, dass er zum Bischof ernannt worden sei, und verbreitete die Nachricht in Windeseile: »Der Bischof kommt.« Nora stand fortan wie ein Pfau hinter ihrem Ladentisch, denn der Pfarrer-Wettbewerb schien ein für allemal entschieden.

Das war er dann auch. Aber anders, als Tante Nora gedacht hatte. Als Father Henry aus Boston ins grandios aufgetakelte Dorf einritt, hatte er Ehefrau und drei Kinder dabei. Der Älteste war Harry Browne, damals 15. Father Henry hatte seinen Priesterhut an den Nagel gehängt. Tante Nora schloss den Laden für eine Woche und versteckte sich unterm Bett.

Harry ist inzwischen Journalist bei der Irish Times und spielt mittwochs Fußball mit unserer Thekenmannschaft, den Dubliner Elfen. Er habe erst mit neun Jahren erfahren, dass sein Vater Pfarrer sei, erzählte Harry. Einer seiner Freunde habe ihn gefragt, warum er nie in die Kirche gehe, wenn sein Vater die Messe lese. Bis dahin dachte Harry, sein Vater gehe einem anständigen Beruf nach, wenn er morgens das Haus verließ. Die Kirche wusste über ihren unzölibaten Angestellten Bescheid, übte aber keinen Druck auf ihn aus. Es war das FBI, das ihn seinen Job kostete. Father Henry war nämlich Anti-Vietnamkriegs-Aktivist und warf auch schon mal bei den Musterungsbehörden die Fensterscheiben ein. Das FBI überredete die Kirche, sich von dem unorthodoxen Pfarrer zu trennen.

Father Henry ist nun schon lange tot. In New York haben sie eine Straße nach ihm benannt: den Father Henry J. Browne Boulevard.

Nonnen sind nützlich

Sie habe lange keine Nonne mehr gesehen, sagt Bernie nachdenklich. »Nonnen sind rar geworden«, meint Triona, »die Klöster klagen über Nachwuchsprobleme.« In der Grafschaft Wicklow südlich von Dublin hat sich eine Nonne zum Mountain Ranger umschulen lassen und reitet jetzt durch die Wälder. »Und meine Friseuse war bis vor kurzem auch noch eine Nonne«, sagt Anne.

Sie wollte früher selbst Nonne werden, sagt Áine: »Ich dachte, sie haben Räder am Ende der Beine, weil sie im Internat stets lautlos durch den Saal schwebten und dabei die Füße nicht zu heben schienen.« Bis sie zehn Jahre alt war, dachte Bernie, Nonnen seien Männer, weil man nur einen kleinen Ausschnitt ihres Gesichts sehen konnte und die meisten von ihnen Schnurrbärte hatten. Triona hingegen dachte, sie gehören einem dritten Geschlecht an: »Ich glaubte lange, es gebe Männer, Frauen und Nonnen.«

John, Trionas Mann, bedauert das Aussterben der Nonnen. Sie seien manchmal recht nützlich, findet er.

In Connemara im Westen Irlands, wo die beiden leben, ist die Arbeitslosigkeit hoch, und die Getränkepreise sind es ebenfalls. So brennen viele ihren Whiskey schwarz. »Poitín« nennen sie das Gebräu. Eigentlich bezeichnet das gälische Wort einen kleinen Topf, doch jeder weiß, dass damit ein farbloser Schnaps gemeint ist, der meist aus Kartoffeln gebrannt wird. Man kann davon auch blind werden, wenn der Schwarzbrenner nicht sorgfältig gearbeitet hat. Deshalb sollte man den Hersteller kennen, will man sich gefahrlos vergnügen. Da John und Triona erst vor kurzem nach Connemara gezogen sind, haben sie keine Kontakte zur lokalen Unterwelt. Es stehen hohe Strafen auf die private Schnapsherstellung, sie ist seit 1760 illegal, und später erklärte sie die katholische Kirche obendrein zur Kardinalsünde, die nur von einem Bischof vergeben werden kann. Das hielt einen Mönch auf der Insel Achill nicht davon ab, seinen Lebensunterhalt mit dem Segnen von Poitín zu bestreiten.

Das ist allerdings lange her, Mönche sind genauso rar geworden wie Nonnen. Doch John kam das Glück zu Hilfe – ausgerechnet in Form einer Nonne. Sie sammelte für das Waisenhaus, und John spendete großzügig, sodass sie ihn fragte, ob sie im Gegenzug etwas für ihn tun könne. »Das wäre möglich«, antwortete er im Scherz, »verrate mir, wo ich einen guten Tropfen für wenig Geld bekomme.« Aha, er suche eine Poitín-Quelle, sagte sie. Das sei kein Problem.

Am nächsten Tag stand sie mit einer Literflasche

einer US-amerikanischen Brausefirma, gefüllt mit Hochprozentigem, vor Johns Tür. Das Zeug sei ausgezeichnet, meinte John anerkennend, nachdem er probiert hatte. »Es ist der Beste, den man in dieser Gegend bekommt«, antwortete die Nonne stolz. Wo sie ihn denn herhabe? »Von der Polizei«, sagte sie. »Die beschlagnahmen fast täglich Poitín. Das schlechte Zeug schütten sie weg, aber den guten Schnaps behalten sie. Wenn ich etwas brauche, muss ich nur den Dorfpolizisten anrufen. Er legt dann eine Flasche für mich unter den Sitz seines Streifenwagens und vergisst, die Autotür abzuschließen.«

Die blaublütigen Schnorrer
und ihr Haushaltsbuch

Offenheit, so heißt die neue Parole bei den Windsors. Hatte die britische Queen bisher nur dann ihre Ausgabenliste veröffentlicht, wenn sie mehr Geld wollte, so legt sie ihr Haushaltsbuch ab sofort jährlich vor. Das Volk soll wissen, was die blaublütigen Schnorrer mit dem Geld machen, das ihm Frau Windsor aus den Taschen zieht – 35,3 Millionen Pfund waren es im Jahr 2001.

Davon entfielen knapp fünf Millionen Pfund auf Reisekosten. Man gönnt sich ja sonst nichts. 11 000 Pfund wurden investiert, um zerbrochenes Geschirr zu ersetzen. Verliert Prinz Philip ab und zu die Nerven und schmeißt mit goldenen Tellerchen nach seiner »Lilibet«? Oder wirft er damit etwa nach den Hündchen seiner Gattin? Dafür würde die Tierarztrechnung in Höhe von 19 000 Pfund sprechen. So kränklich können die Corgis gar nicht sein.

Telefoniert haben die Windsors für 690 000 Pfund. Das überrascht, hatte man doch geglaubt, sie würden sich seit der Abhöraffäre um Prinz Charles, der als Tampon seiner Camilla wiedergeboren werden wollte, etwas zurückhalten. Auch die Wasserrechnung war mit 264 000 Pfund ganz schön happig, weil man wegen fehlerhafter Zählerablesung nachzahlen musste. Hat die Queen es denn nötig, den Zählerstand zu manipulieren? Man sollte ihr die Apanage erhöhen. Allerdings schröpft sie die Steuerzahler trotz angeblicher Offenheit ohnehin um ein Vielfaches, denn Extrakosten, wie für Sicherheit und die bärenmützigen Palastwachen, tauchen im Haushaltsbuch gar nicht auf.

Aber dafür kümmert sie sich rührend um die Verwandtschaft. Ihr Vetter, Prinz Michael, und seine Gattin Prinzessin Michael dürfen seit 1979 im Kensington-Palast für eine Miete von 69 Pfund pro Woche wohnen – ein winziger Bruchteil des Marktwertes. Herr Michael sagt, die Queen müsse ihn lediglich bitten, mehr Miete zu zahlen, dann bekomme sie ihr Geld. Er kann den Betrag ja beim Briefpapier einsparen, wenn er das von seiner gleichnamigen Frau mitbenutzt.

Die Königin hingegen hat im vergangenen Jahr 71 000 Pfund für Briefpapier ausgegeben. Vermutlich hat Rembrandt jedes Blatt eigenhändig mit dem königlichen Wappen versehen. Mehr als doppelt so hoch schlugen die Kosten für Zelte zu Buche. Hat sich die

Queen einen Buckingham-Palast aus Stoff schneidern lassen und damit einen Campingurlaub in der Toskana gemacht? Nein, versichert der königliche Buchhalter, es handle sich bei dem Posten um Markisen für die allseits beliebte Gartenparty, zu der jedes Jahr ein paar handverlesene Untertanen eingeladen werden. Und die sollen schließlich nicht nass werden.

Die Wein- und Schnapsrechnungen beliefen sich im vorigen Jahr auf 97 000 Pfund. Das reicht bei normalen Menschen für einen lebenslangen Vollrausch. Doch wenigstens bei diesem Posten können die Windsors jetzt sparen: Nachdem die beiden königlichen Schnapsdrosseln Prinzessin Margaret und Queen Mum vor kurzem an die nie versiegende Gin-Quelle im Himmel abberufen wurden, wird sich die Alkoholrechnung für die Hinterbliebenen drastisch reduzieren.

Wer fliegen will,
muss auch arbeiten

Irgendwie findet diese irische Billigfluglinie immer einen Weg, um noch mehr Geld zu sparen. Als ich neulich nach London-Luton wollte, strich Ryanair den Flug und legte ihn mit dem nächsten zusammen, weil beide Flüge nur zur Hälfte ausgelastet waren. Die offizielle Begründung war ein Maschinenschaden. Vier

Stunden Wartezeit, aber zunächst musste man sich ein Stündchen anstellen, um das Ticket umschreiben zu lassen.

Vor mir standen drei Männer in der Schlange, die ihr Geld zurückhaben wollten, aber genauso gut hätten sie versuchen können, einen Fruchtsaftcocktail aus einem Stein zu pressen. Selbst wenn man eine Verbindung aus zwei Ryanair-Flügen bucht und den zweiten aufgrund einer Verspätung des ersten verpasst, muss man ein neues Ticket kaufen.

Ob sie einen wichtigen Termin in London haben, fragte ich einen der drei. Er lehnte sich zu mir herüber und sprach im Flüsterton, als ob er mir gerade eröffnen würde, dass er zu einem Fortbildungskurs für ungewöhnliche Sexualpraktiken wollte. Aber er sagte: »Wir sind Anhänger des Fußballclubs Luton Town und wollten zum Heimspiel.« Ich sah ihn so ungläubig an, dass er schnell hinzufügte: »Aber das bleibt unter uns. Wir tragen keine Klamotten in den Vereinsfarben, damit niemand etwas von unserer Perversion erfährt.«

Hatte Luton Town, dieser langweilige Vorortclub, überhaupt Vereinsfarben? Hatte er außer den drei verhinderten Fliegern noch andere Fans? Und wenn sich Iren schon ein englisches Team als Lieblingsclub aussuchen, warum dann ausgerechnet Luton Town? Das klingt ja wie eine Betriebsmannschaft der Flughafengepäckabfertiger.

Die aber gibt es nicht mehr lange, wenn es nach Ryanair geht. Bei einem Flug von London-Stansted nach Dublin fragte der Pilot über Lautsprecher, nachdem die Passagiere Platz genommen hatten, ob sich ein paar Freiwillige melden würden, um das Gepäck ins Flugzeug zu laden. Die Passagiere lachten herzlich über die feine Selbstironie des Ryanair-Piloten, bis die Stewardess ihnen erklärte, dass die Frage ernst gemeint war. Die von Ryanair gemieteten Gepäckabfertiger hätten erst in zwei Stunden Zeit, und da könnte man doch schon zu Hause sein. Drei Männer meldeten sich, und so konnte man mit einer für Ryanair vernachlässigenswerten Verspätung von 50 Minuten losfliegen. Der Pilot schenkte den Männern ein Bier. Das wird man ihm vom Gehalt abziehen.

Für die Aktionäre lohnt sich Ryanairs Geiz. Der Profit der Fluglinie stieg 2002 um 44 Prozent auf 150,4 Millionen Euro. Und die Zahl der Fluggäste nimmt weiterhin zu. 1997 konnte man die millionste Passagierin an Bord begrüßen. Zur Belohnung sollte sie lebenslänglich kostenlos mit Ryanair fliegen dürfen. Als sie buchen wollte, erklärte man ihr, dass damit ein Flug im Jahr gemeint sei, sofern die gewünschte Maschine nicht ausgebucht sei. Die erboste Frau zog vor Gericht und bekam nun 67 500 Euro Schadensersatz zugesprochen. Mir schwant nichts Gutes, wenn ich mir vorstelle, wie Ryanair das Geld wieder hereinholen wird.

Ein Bad im Meer

Tim the Thatcher ist genial. Er deckt Dächer und trägt dabei stets einen schwarzen Anzug und ein blütenweißes Hemd mit Krawatte. Er sei der beste Handwerker Irlands, behaupten Kunden, die er beglückt hat. Das sind aber nicht viele, denn Tim ist faul, außer die Kundschaft ist weiblich. Mit seinen 60 Jahren ist er ein berüchtigter Womanizer. Wenn eine Frau, ob allein stehend oder verheiratet, ihr Dach gedeckt haben möchte, bietet Tim sich an, es kostenlos zu tun. Er verlangt lediglich Kost und Logis. Weil ihm das so gut gefällt, kann es Monate dauern, bis er mit der Arbeit fertig ist. Das hat sich natürlich herumgesprochen, und so bekommt er nur noch Aufträge von allein stehenden Herren.

Das macht ihm nichts aus, denn er verbringt seine Tage ohnehin lieber in seiner kleinen Stammkneipe an der Westküste. Da er ein vorsichtiger und vorausschauender Mensch ist, parkt er sein Auto stets in Fahrtrichtung, wenn er am Pub ankommt. Nach einem durchzechten Abend muss er dann nämlich nur noch den Schlüssel finden, einsteigen und geradeaus fahren. Nach einer halben Meile muss er links abbiegen, dann ist er zu Hause. Das hat er sich eingebläut, und daran erinnert er sich auch noch nach zwölf Pints, dem Maß aller Dinge in irischen Pubs – rund 0,56 Liter.

Neulich ging er auf eine Beerdigung, eine alte Nachbarin war gestorben. Da zwei ihrer Brüder Pfarrer sind, wurde es ein zünftiges Begräbnis mit reichlichem Essen und noch mehr Getränken. Danach war Tim verschollen. Erst am nächsten Vormittag tauchte er wieder in seiner Stammkneipe auf. Er war vollkommen durchnässt und hatte eine schwere Erkältung. Dem Wirt erzählte er, dass er etwas verloren habe. Aha, dachte der, die Autoschlüssel sind mal wieder weg. Aber nein: Diesmal war es das ganze Auto. Es blieb zwei Tage lang verschwunden, dann fand man es – im Meer, nur eine halbe Meile vom Wirtshaus entfernt.

Gemeinsam mit den Stammgästen gelang es dem Wirt, zu rekonstruieren, was Tim an jenem Tag geschehen war. Er hatte den Wagen vor der Beerdigung an seiner Stammkneipe geparkt, weil der Friedhof nicht weit war und er danach ohnehin noch mal in den Pub wollte. Da er aber beim Begräbnis schon gut abgefüllt worden war, beschloss er, gleich nach Hause zu fahren. Entgegen seinen Gepflogenheiten hatte er das Auto jedoch nicht in Richtung Heimat abgestellt.

So fuhr er los und bog, wie er es gewohnt war, nach genau einer halben Meile links ab. Dort liegt das Meer, wie Tim zu seiner Überraschung feststellte. Er konnte sich mit Müh und Not aus dem Wagen befreien, kletterte die Böschung hoch und ging die Straße links hinunter, weil auf seinem Nachhauseweg das Wort »rechts« nun mal nicht vorkam. Nach fünf Kilometern landete er in Kinvarra, der nächsten größeren Ortschaft, und wunderte sich. War sein Heimatdorf etwa umgezogen? Er legte sich verwirrt in den Straßengraben und schlief ein. Am nächsten Morgen fand ihn jemand, fast zu Eis erstarrt, und brachte ihn im Auto zurück zum wichtigsten Ort, von dem Tim hoffte, dass er noch am angestammten Platz stehen würde: seine Stammkneipe.

Hühnervernäher und Witzbildchenzeichner: eine Hommage

Es kommt einem vor, als wenn es erst gestern gewesen wäre: Da stand ein kleiner Junge in kurzen Hosen in der taz-Redaktion und wollte Witzbildchen zeichnen. Das ist in dieser Woche genau zehn Jahre her, und seitdem hat Tom Tag für Tag seinen Streifen abgeliefert – mit einer winzigen Unterbrechung im vergangenen Sommer, als die taz ihm erstmals einen Urlaub spendierte. Es gibt keinen Zeichner in Deutschland, der dermaßen täglich liefert. Herzlichen Glückwunsch!

Aber er kann noch mehr: Tom gilt als Geflügelspezialist. Als wir einmal im Juli bei 30 Grad Außentemperatur mit Carola Rönneburg Weihnachten feierten, weil wir zu dritt soeben ein Weihnachtsbuch fertig gestellt hatten, besorgte Tom eine Gans von der Größe eines Straußes. Wie er das Tier dann verschnürte, damit es in den Ofen passte, und dabei »O Tannenbaum« sang, war gekonnt.

Er soll sich auch an Hühnern vergreifen. Mir liegt eine eidesstattliche Erklärung des Kollegen Wiglaf Droste vor: »Der saubere Herr Körner liebt es, in seiner Freizeit nackte tote Hühner zu kaufen, sie mit Walnüssen, gewürfeltem Speck und Weintrauben zu füllen, sie anschließend mit fanatischem Gesichtsausdruck und großem Vergnügen zu vernähen, sie in die Backröhre zu schieben, dort garen zu lassen und anschließend im Verein mit zwielichtigen Subjekten zu verzehren, und dies habituell und ohne Reue.« Droste muss es wissen, er ist eins dieser zwielichtigen Subjekte. Tom sagt zu seiner Verteidigung: »Erst wenn der letzte Baum versiegt und der letzte Fluss gestorben ist, werdet ihr verstehen, dass man Hühner essen muss.«

Nur mit dem Autofahren klappt es nicht so gut. Im Frühsommer war Tom mit seiner Freundin Annette in Irland. Er hatte sich einen roten Sportwagen gekauft und wollte ihn ausprobieren. Was lag näher, als auf die Grüne Insel zu fahren, das Land, wo das Fahren mit offenem Verdeck zum Alltag gehört? Es ging dennoch gut, weil der kleine Flitzer unter dem Nieselregen hindurchhuschte. Die Fahrt an die Westküste wird Tom aber lange in Erinnerung bleiben.

Wir waren recht spät in Dublin losgekommen. Ich fuhr in meinem ebenfalls roten Uralt-Golf voraus, weil in einem italienischen Sportwagen nur Platz für zwei Personen ist. Da die Zapfhähne zu versiegen drohten,

legte ich einen Zahn zu. Die verzweifelten Langsam-
keitsbegehren unterwegs per Handy ignorierte ich –
es drohte schließlich ein trockener Abend. Als wir
endlich an unserem Ziel ankamen, war Tom schweiß-
gebadet und um etwa zehn Jahre gealtert. »Weißt du
überhaupt«, fragte er entnervt, »wie schnell du gefahren bist?« – Nein, mein Tacho war kaputt. »Ich musste
einmal 155 Sachen auf der verdammt schmalen Landstraße fahren, um dich einzuholen!«

Nach dem ersten Bier und Whiskey errang er halb-
wegs seine Fassung wieder. Es wurden dann viele Run-
den. Der Wirt weigerte sich, den Laden zu schließen.
»Sieh ihn dir doch mal an«, sagte er und zeigte in Toms
Richtung. »Der Mann ist doch völlig fertig. Er scheint
noch ein paar Drinks zu brauchen, der arme Teufel.«

Inhalt

Rotbuch
Literatur von heute

Rotbuch Verlag | Bei den Mühren 70 | 20457 Hamburg

Rotbuch
Literatur von heute

Rotbuch Verlag | Bei den Mühren 70 | 20457 Hamburg

Rotbuch
Literatur von heute

Poetry Slam 2003/2004
Herausgegeben von
Hartmut Pospiech und Tina Uebel
200 Seiten. TB 1149

Chaim Potok
Die Erwählten. Roman
Aus dem Englischen von
Thomas Gunkel und Sabine Zwirner
282 Seiten. TB 1136

Sonja Rudorf
Niemandsland. Erzählungen
107 Seiten. Gebunden

Sonja Rudorf
Die zweite Haut. Roman
210 Seiten. Gebunden

Russische Liebesgeschichten
Herausgegeben von
Olaf Irlenkäuser
180 Seiten. TB 1152

Małgorzata Saramonowicz
Die Schwester. Roman
Aus dem Polnischen von
Ursula Kiermeier
200 Seiten. Gebunden

Małgorzata Saramonowicz
Spiegel. Roman
Aus dem Polnischen von
Ursula Kiermeier
260 Seiten. Gebunden

Peter Schneider
Lenz. Erzählung
96 Seiten. TB 71

Lorenz Schröter
Bella oder
Wie ich durch Deutschland zog
180 Seiten. TB 1137

Lorenz Schröter
Lucy. Roman
200 Seiten. Gebunden

Lorenz Schröter
Venuspassage. Roman
340 Seiten. Gebunden

Jorge Semprun
Netschajew kehrt zurück
Roman
Aus dem Französischen von
Eva Moldenhauer
352 Seiten. TB 1144

Ralf Sotscheck
Dublin Blues
160 Seiten. TB 1142

Dietmar Sous
Abschied vom Mittelstürmer
Roman
230 Seiten. Gebunden

Dietmar Sous
Das Haus am Bahndamm
Roman
116 Seiten. Gebunden

Rotbuch Verlag | Bei den Mühren 70 | 20457 Hamburg

Rotbuch
Literatur von heute

*Das vollständige Programm
finden Sie unter
www.rotbuch.de*

Rotbuch Verlag | Bei den Mühren 70 | 20457 Hamburg

20. 6. 2017MO